Ce qu'il faut que tout Jeune Homme sache

Tous droits der eproduction et de traduction réservés

Dr NOSLIN

Ce qu'il faut que tout Jeune Homme sache

ÉDITIONS NILSSON
7, RUE DE LILLE, 7
PARIS

CHAPITRE PREMIER

Le choix d'une carrière.

C'est au seuil de la seizième année que, pour la plupart des jeunes gens, se décide le bonheur ou le tourment de leur future existence.

Bien peu d'entre eux sont aptes à comprendre l'importance que peut avoir cette décision, qu'ils prennent souvent à la légère, sans avoir suffisamment réfléchi aux conséquences d'une résolution qui engage toute leur vie.

Très rares sont ceux qui sentent en eux une vocation franchement accusée.

On nous conte bien l'histoire (très réelle, du reste) de grands artistes, qui, dès leur plus tendre enfance, se sont habitués à manier la glaise ou à sculpter des débris de bois, dont ils tiraient des œuvres pleines d'intérêt et de promesses, mais ce sont là des exceptions dont il faudrait bien se garder de faire des généralités, et, à part quelques-uns, dont la vocation s'est affirmée à travers tous les obstacles, presque tous les jeunes gens de seize ans sont un peu dans la situation d'un voyageur, qui, se trouvant au milieu d'un carrefour sans indication, hésite avant de s'engager dans une des routes qui s'offrent à lui.

Si cependant l'un deux sentait germer en lui cette vocation dont il est parlé plus haut, il devrait mettre tout en œuvre pour la suivre, car non seulement il aurait tout lieu d'espérer arriver, par ce chemin, à la fortune et à la gloire, mais il éviterait les échecs indubitables, qui viendront le décourager s'il choisit une voie dans laquelle il entrera à contre-cœur, c'est-à-dire en état d'infériorité notoire.

Car la vie est une lutte en vue de laquelle il est bon de fourbir de bonne heure les armes qui permettront de se défendre…. voire même d'attaquer si cela devient nécessaire.

Et ceux qui marchent vers un but déterminé sont munis d'une force qu'il n'est pas donné à tous de posséder.

Aussi les voyons-nous triompher à travers mille obstacles que suscitent devant eux, les circonstances, les oppositions ou la pauvreté.

L'histoire est riche de pareils exemples et les jeunes gens ne sauraient trop souvent relire les récits de la vie des grands hommes qui démontrent à quel degré de renommée la persévérance dans la vocation peut conduire celui qui en est possédé.

Ils y verront que Claude Lorrain, né de parents obscurs, débuta par l'emploi peu artistique d'apprenti pâtissier ; mais sa vocation ne tarda pas à se manifester et il trouva moyen de se faire emmener à Rome par un voyageur de commerce, auquel il servit peu ou prou de domestique pendant le voyage.

Là il échoua chez un peintre paysagiste où sa besogne principale était de faire des courses.

Mais la passion du beau s'élevait en lui, de plus en plus impérieuse, et après avoir recueilli les principes élémentaires de l'art de peindre, il partit, visita la France et d'autres pays.

Sa misère était grande, parfois, et lorsqu'il n'avait

pas trouvé de fermier qui lui payât de quelques pièces de monnaie la reproduction de ses champs ou de sa mare, il se couchait, le ventre creux, mais le cerveau plein de belles visions et le cœur débordant d'énergie et d'espoir.

Nous n'insisterons pas sur la réalisation de ces espoirs, tout le monde a admiré, dans les divers musées de l'Europe, les chefs-d'œuvre, couronnement de cette gloire qu'il a poursuivie avec tant d'acharnement.

L'aventure de Bernard de Palissy est trop connue pour la narrer encore une fois ; pourtant il est bon pour les jeunes gens de la relire aux heures de découragement et de doute.

Jacques Callot peut aussi servir de modèle à ceux que tourmentent les difficultés d'une vocation difficilement réalisable.

Il était fils d'un héraut d'armes et manifesta de bonne heure une passion pour le dessin.

Son père n'admettait pas qu'un homme de sa race ne fut point un homme d'armes; aussi opposa-t-il une résistance farouche à la vocation de son fils.

Ce dernier, ne pouvant convaincre son père, s'échappa sans réfléchir à autre chose qu'à l'accomplissement de son rêve.

Parti sans argent, il eut à endurer mille privations qui ne le détournèrent pas, cependant, de sa résolution, jusqu'au moment où il fut recueilli par une troupe de bohémiens, auxquels il se mêla en qualité d'acteur.

Il gagna Florence, puis enfin Rome, terme de ses vœux et là il commençait à travailler sérieusement, lorsqu'il fut découvert par un ami de sa famille qui le ramena chez lui.

Mais la vocation chantait en lui son hymne d'espérance ; il s'échappa une seconde fois, fut encore repris et alors, sut si bien fléchir son père qu'il le laissa rejoindre les maîtres qu'il avait laissés dans la Ville éternelle.

Il est inutile de redire ce que personne n'ignore ; son talent, fortifié par l'énergie et rendu plus pittoresque par la fréquentation assidue des bohémiens, se développa au point qu'il conquit, de son vivant, la renommée qui, depuis plusieurs siècles, a attaché son nom à la reproduction saisissante des types qu'il a aimé à représenter.

Si bien que, de nos jours, si quelqu'un, en parlant d'un mendiant dit : « C'est un Callot », notre imagination nous retrace immédiatement les visages significatifs et les belles loques des modèles qu'il nous a laissés.

Benvenuto Cellini nous montre aussi une constance dans la vocation qu'il est impossible de ne point admirer.

Son père, un des musiciens de Laurent de Médicis, ne voyait pour son fils d'autre carrière que la musique et lui fit étudier la flûte.

Mais l'enfant n'avait de goût que pour le dessin qui le passionnait et lui aussi partit de chez lui à pied et fit, sans argent le chemin de Florence à Rome, ce terme de toutes les aspirations artistiques.

L'histoire moderne est riche aussi en de tels exemples : nous voyons les Vauquelin, les Vaucanson et tous les grands inventeurs lutter et vaincre par leur énergie et la persévérance dans l'idée, qui est toujours la condition la meilleure de toute victoire.

Mais, dira-t-on, tout le monde n'a pas le bonheur de se sentir pris d'une vocation irrésistible ; il y a beaucoup de jeunes gens qui, au seuil de la vie militante, hésitent, ne sachant de quel côté se diriger.

Nombreux sont ceux qui entrent dans une carrière avec la même facilité qu'ils seraient entrés dans une autre toute différente.

Cela est vrai, jusqu'à un certain point : Le feu sacré, animant ceux que la gloire a marqués dès leur naissance, n'est certes pas l'apanage de tout le monde et, parmi ceux qui s'en croient possédés, bon nombre ne sont touchés que par les flammes intermittentes d'un enthousiasme que les difficultés éteignent aussitôt.

C'est ce dont les jeunes gens se rendront facilement compte, dès que surviendront les premiers obstacles.

Si les empêchements qui surgissent toujours dès le début d'une carrière, les trouvent découragés et las, qu'ils ne poursuivent pas cette route, au bout de laquelle il n'y aurait pour eux qu'insuccès et désillusions.

La lutte fortifie les courages réels et abat les énergies factices.

Ceux-là seuls qui sont possédés de la vocation véritable, retrouvent un nouveau courage à chaque difficulté nouvelle et cette sorte de persécution des choses les affermit et leur fait chérir leur vocation, à laquelle ils attachent d'autant plus de prix, qu'ils ont eu plus de peine à la maintenir.

Mais à côté de ces privilégiés, il en est d'autres qui, de bonne foi s'interrogent, sans parvenir pourtant à trouver en eux un goût prononcé pour tel ou tel autre état.

Il est pourtant rare, si l'on veut bien se donner la peine de méditer un peu, qu'on ne se sente pas attiré de préférence vers une profession ; mais dans le cas où rien de ce genre ne se manifesterait, il faudrait procéder autrement :

A défaut d'attraction, on éprouve presque toujours des répugnances.

Si l'on ne peut se dire sincèrement : « Voilà ce que

je *voudrais* faire », on peut presque toujours penser : « Voilà ce que je ne *voudrais pas* faire. »

Or le jeune homme qui songe à choisir une voie et ne se sent conquis par aucune idée spéciale, doit pour faciliter son choix procéder par élimination.

Il lui faut d'abord faire une sorte de tableau de toutes les professions qui sont possibles pour lui et examiner chacune en se disant :

« Aurai-je plaisir à suivre cette carrière ? »

« Aurai-je du goût pour ce métier ? »

Dans le cas où la réponse ne serait pas affirmative, il s'en posera une autre :

« Ai-je du dégoût pour cet emploi ? »

« Me serait-il désagréable de le remplir ? »

Si l'on constate l'éloignement bien marqué pour la profession proposée, il faut nettement la rayer de la liste et passer à la suivante.

On en arrivera ainsi à exclure toutes les occupations pour lesquelles on se sent de la répugnance ou de l'inaptitude et l'on en viendra à celles pour lesquelles on n'éprouve que de l'indifférence.

De celles-là encore, il faudra écarter celles qu'un défaut physique nous rendrait difficiles.

Par exemple, celui qui est affecté d'un vice de prononciation, si léger soit-il, ne doit pas songer à devenir avocat.

Il lui faudrait travailler doublement puisqu'il aurait à combattre, non seulement les difficultés d'étude, mais encore la tare physique.

Nous ne parlons bien entendu que pour ceux dont la vocation n'est pas nettement dessinée, car les autres n'hésiteraient pas à suivre l'exemple fameux de Démosthènes et parviendraient certainement à faire disparaître la défectuosité de leur langage.

Celui dont la taille est trop exiguë devra également repousser les emplois où la belle prestance peut jouer un rôle.

Un autre qui aura conscience de sa lenteur ne recherchera pas une profession qui demande de nombreuses démarches et une activité physique qu'il lui serait impossible de fournir.

Le jeune homme qui hésite dans le choix d'une carrière, doit, avant tout, consulter ses penchants afin de ne pas s'exposer à mériter de ses chefs ce redoutable dilemme : « Ou vous n'étiez pas capable de remplir cette charge et vous avez eu grand tort de l'accepter, ou, étant capable de la remplir, vous ne le faites pas et de toutes façons vous êtes blâmable. »

Beaucoup de choses encore plaident en faveur d'un choix et peuvent le décider, toute vocation à part.

Pour bien des jeunes gens qui adoptent la profession de leur père, la raison majeure de leur décision se trouve dans la certitude des protections qu'ils pourront trouver parmi les camarades de ce dernier.

Les conseils de l'expérience paternelle leur seront encore précieux et leurs débuts pourront être mieux protégés, car le père saura les mettre en garde contre maints pièges qui l'ont attiré lui-même, lors de ses commencements.

Puis, tout métier, toute profession, tout emploi, a mille petits côtés, qu'en langage familier on désigne sous le nom de « trucs » et dont la connaissance ne s'acquiert que par une longue pratique.

Donc, pour un jeune homme dont la vocation est indécise, le mieux est souvent de suivre le chemin que son père a déjà parcouru.

Il bénéficiera ainsi des leçons que le passé donna à

son père, il évitera les maladresses des débuts et ne perdra pas les premiers mois en tâtonnements ou en fausses manœuvres.

Mais l'essentiel consistera pour lui dans la persévérance, qui le maintiendra dans la profession qu'il a choisie, malgré tous les inconvénients qu'il pourra y découvrir.

Il est évident que toutes les carrières ont leurs beaux et leurs mauvais côtés; mais ces derniers, pour un débutant, sont plus visibles que les autres et il arrive que les jeunes gens se rebutent parfois dès les premiers obstacles qu'ils n'avaient pas prévus, et abandonnent la profession qu'ils avaient d'abord embrassée.

On ne saurait trop les prémunir contre de telles erreurs :

Chaque profession comporte des ennuis qu'on ne connaît bien que lorsqu'on peut les étudier de près.

Chaque métier comporte des fatigues spéciales.

Il est donc très fâcheux d'abandonner un travail qui nous a déjà coûté maints efforts, pour en entreprendre un autre, qui, dès que nous l'aurons étudié de plus près, nous présentera les mêmes inconvénients, sous une autre forme, avec un désavantage en plus car nous n'y sommes pas préparés et ils sont pour nous un recommencement.

Dans tous les actes de la vie, l'irrésolution est une faute, mais au début d'une carrière, elle peut être l'entrave définitive qui empêchera l'essor vers le succès.

Il faut pourtant se garder des décisions trop promptes, de celles qui n'ont point été déterminées par un mûr examen.

Celles-là pèchent presque toujours par la base et sont si fragiles qu'elles ne peuvent être maintenues.

L'habitude de la réflexion aura vite raison de ces

incohérences de la pensée, et il est bon que, de bonne heure, les jeunes gens s'apprennent à méditer sur leurs actes ; or, quel motif de méditation est plus sérieux que celui qui a pour but le choix de la carrière ?

C'est donc seulement lorsque le jeune homme aura profondément réfléchi, pesé avec soin les avantages et les ennuis d'une profession, lorsqu'il aura la conviction de trouver en lui le courage nécessaire pour en supporter les inconvénients, qu'il pourra, en toute connaissance de cause, se décider à aborder telle ou telle carrière, dans laquelle il aura bien des fois et surtout dès le début l'occasion de méditer cette phrase : « Aide-toi, le ciel t'aidera. »

CHAPITRE II

Les arrivistes. Les pessimistes. Les aquoibonistes.

Un des types les plus intéressants des débutants dans une carrière est celui de l'ambitieux à outrance que dans le langage moderne on a surnommé : Arriviste.

La différence qui existe entre ce dernier et l'ambitieux réside tout entière dans la noblesse du but et le choix des moyens.

Alors que l'ambitieux voit grand et rêve de conquêtes glorieuses, l'arriviste borne le monde à sa propre jouissance — et à la recherche de sa fortune.

L'ambitieux dédaigne les moyens mesquins; l'arriviste accepte tout, pourvu qu'il y voie avancement et espoir de réussite.

Est-ce à dire que cette ambition doive être interdite ? Non assurément car elle est presque toujours le signe de la confiance en soi qui décide de toutes les réussites.

Bien différent est l'arrivisme, qui ne se consacre qu'à la satisfaction de l'égoïsme et ne recule devant la mesquinerie d'aucun moyen pour y parvenir.

On abuse un peu de cette appellation et on l'applique souvent mal à propos : en tout cas, si ce désir de réussite engendre parfois de vilains mouvements d'âme, il est infiniment moins dangereux pour un jeune homme que l'autre vice de l'époque moderne : le pessimisme.

Le pessimisme est la forme désabusée du scepticisme qui fut à la mode il y a quelque vingt ans.

Seulement le scepticisme avait cet avantage, qu'il se présentait quelquefois sous d'alertes dehors.

L'humour était une de ses formes favorites et nous lui devons de petits chefs-d'œuvre.

Le pessimisme n'engendrera rien de pareil. Il se borne à trouver que tout va de mal en pis dans le monde, en se gardant bien, du reste, de chercher à y apporter une amélioration.

Il est la pierre d'achoppement de toutes les vocations, car dans l'examen qu'il en fait, le jeune homme ne s'arrête qu'aux désavantages et, de parti pris, nie les bons côtés des choses.

Comment espérer qu'ainsi prévenu, il soit en état de les faire valoir et d'en tirer pour lui-même le parti convenable?

Cet état d'esprit, présente encore l'inconvénient de le décourager à la première difficulté au lieu de chercher à la tourner et au besoin à l'amoindrir au point de la faire passer inaperçue; il l'exagère à plaisir et finit par se persuader qu'un grand malheur doit découler de la circonstance la plus ordinaire.

Les pessimistes, imitent Gribouille qui se jetait dans l'eau pour éviter d'être mouillé; ils se précipitent dans la tristesse à l'idée qu'elle pourrait les atteindre.

Aussi, ne se résolvent-ils à suivre une carrière qu'après avoir épuisé toute la série des autres et encore l'abordent-ils avec le seul sentiment des ennuis qu'ils peuvent en retirer.

Ceux-là sont mal armés pour le combat et il faut les plaindre car ils seront la proie de tous les découragements et de toutes les indécisions.

L'optimiste, au contraire, a sur tous les autres la

supériorité du contentement qui l'éclaire et l'empêche de se livrer à des mouvements de haine ou de découragement.

Etaient-ils pessimistes ces grands hommes dont nous parlions au chapitre précédent ?

L'histoire nous conte, au contraire, qu'ils aimaient assez la vie pour croire en elle et en attendre tout ce qu'elle leur a donné.

C'est encore le pessimisme qui porte les jeunes gens à ne pas persévérer dans leur carrière et à en adopter une autre, dont ils se dégoûtent aussitôt, du reste, car ils l'ont embrassée avec l'idée mauvaise qu'ils attachent à tout.

« Pierre qui roule n'amasse pas de mousse », dit un proverbe dont on ne saurait méconnaître la sagesse.

Il en est de même pour celui qui ne sait pas se fixer ; il n'obtiendra jamais un véritable succès, car dès qu'il sera en passe de le mériter, il s'empressera de changer l'orientation de sa vie, si bien qu'il ne connaîtra que les difficultés premières inhérentes à toutes les initiations et ne recueillera jamais l'entière moisson de la réussite, réservée seulement à ceux qui savent persévérer. Une autre sorte de pessimisme est encore néfaste dans le choix de la carrière :

C'est cette sorte d'indifférence qu'un néologisme a consacrée sous le nom de « Aquoibonisme ». Ce sont les adeptes de la torturante doctrine que professent les désespérés hantés du stupide : A quoi bon ? — conclusion obligée de toutes leurs phrases.

Nombre de tout jeunes gens ont commencé par là et sont devenus pessimistes par genre d'abord, s'imaginant que c'était là une heureuse façon de se distinguer de la foule.

Cela permet d'adopter une attitude, et, comme la

jeunesse exagère généralement ses opinions, qu'elle croit ainsi mieux affirmer, ils en arrivent à afficher un détachement de tout, qu'ils croient du suprême bon goût et qui, les trois quarts du temps, n'est qu'un ridicule de plus.

Et, pour ceux-là, la fable du hâbleur méditerranéen devient un véritable symbole :

On connaît l'histoire de ce farceur qui s'était amusé à répandre le bruit qu'un lion s'était échappé d'une ménagerie voisine et parcourait la ville en faisant des hécatombes de victimes.

Il se trouva quelques bavards pour colporter ce racontar et plusieurs poltrons en furent si frappés qu'ils s'enfuirent en poussant des cris perçants, persuadés qu'ils avaient aperçu le terrible fauve.

La rumeur s'accrut et bientôt le nombre se multiplia de ceux qui prétendaient avoir échappé à ses atteintes après une dramatique poursuite.

Ce que voyant, notre hâbleur courut s'enfermer dans sa maison, où, blême de peur, il se verrouilla, gagné par la panique générale, convaincu lui aussi, de l'existence du lion que son imagination avait créé de toutes pièces.

C'est un peu ce qui arrive à tous les jeunes gens qui se parent de sentiments pessimistes.

Ils ont d'abord voulu étonner la galerie, puis ils se laissent peu à peu prendre au jeu et ils deviennent des proies toutes désignées pour les désespérances et les obsessions mauvaises.

Celui qui, au contraire, ne s'applique qu'à voir le beau côté des choses et à en atténuer les laideurs, est qualifié pour le succès ; il saura choisir sa carrière et, quand même elle ne serait pas complètement conforme à ses désirs, la suivre sans amertume, en semant autour de lui le contentement et la bonne humeur.

Une des conséquences, presque inévitables du pessimisme est encore la paresse.

En effet, disent les Aquoibonistes, à quoi bon se donner du mal? Nous ne vivrons pas éternellement. Et puis, c'est toujours pour en arriver au même but : la mort.

Ce raisonnement qui serait déjà déplacé dans la bouche d'un homme de quatre-vingts ans, — car tant que l'homme conserve l'usage de son cerveau il peut être utile à ses semblables, — est tout à fait niais dans celle d'un garçon de seize ans ayant devant lui une vie qui peut être fort longue.

Or, c'est de son travail et de son application que dépendront son bonheur et celui des siens, et plus tard, vers la quarantaine, quand ses tempes commenceront à s'argenter, il dira, mais trop tard : « Si j'avais su !... » ou bien ! « Ah ! si je pouvais de nouveau retrouver mes beaux seize ans, avec quel soin, je choisirais ma carrière ! Si je l'avais fait à cet âge, je serais maintenant riche, peut-être, aisé tout au moins et je songerais à me reposer au lieu que maintenant, je n'ai en perspective qu'une vie de fatigue, de préoccupations, sans aucun espoir de réussite complète. »

Végéter ! C'est le sort de presque tous ceux qui n'ont pas su, dans leur prime jeunesse, se garder des pièges que tendent la paresse et le pessimisme à leur raisonnement, quand il s'agit pour eux d'accomplir cet acte si important du choix d'une carrière.

CHAPITRE III

La bonne tenue, le tact, la mesure.

Le succès ne va qu'aux gens de vie correcte : voilà ce dont les jeunes gens doivent, avant tout, se pénétrer.

Un des meilleurs agents de ce succès est la sympathie qui naît de l'extérieur.

Par ce mot nous n'entendons pas parler des charmes physiques, mais bien de l'ensemble des manières, de la tenue, de la conduite des jeunes gens vis-à-vis de ceux qui sont appelés à les protéger.

Rien n'est plus mauvais pour la réussite future que certaines façons débraillées adoptées par quelques-uns d'entre eux.

Faire une bonne impression ! Tout est là pour celui qui doit bâtir sa vie.

Dans toutes les classes de la société, c'est le moyen le plus sûr d'atténuer les luttes des débuts.

Que le jeune homme se destine à une profession manuelle, ou à une carrière libérale, que la fortune, au contraire, l'ait assez favorisé pour qu'il puisse attendre, afin de faire un choix, un extérieur négligé sera toujours une mauvaise note à son actif.

Il peut certainement arriver que, plus tard, par ses qualités réelles, il parvienne à détruire cette fâcheuse impression, mais, dans la profession à laquelle il se destine, n'aura-t-il pas de sujets suffisants de lutte ?

Pourquoi y ajouter celui-là ?

Pourquoi se créer un inutile obstacle ? N'en aura-t-il pas assez à vaincre ?

Donc celui qui veut faire son chemin doit éviter avec soin tout ce qui n'est pas correct : les cravates lâches, les cheveux embroussaillés et portés trop longs, sous prétexte de prendre un genre artiste, les habits qui affectent une coupe spéciale, etc..., etc.

Nous ne sommes plus au temps où ceux qui s'adonnaient à la culture d'un art, s'imaginaient qu'ils devaient se distinguer par une tenue spéciale.

De nos jours, la correction est tellement prisée que si on tolère ces faiblesses chez quelques gens arrivés, on ne les en blâme pas moins en général.

La tenue négligée comporte encore plusieurs inconvénients dont il ne faut pas compter pour le moindre l'ennui causé aux personnes qui seraient disposées à s'occuper de celui qu'on leur a recommandé, et qui hésitent à le présenter, parce qu'ils ont conscience du mauvais effet que produira sa tenue.

L'extérieur négligé entraîne toujours un laisser-aller dans le maintien, qui dispose mal en faveur du jeune homme, assez peu avisé pour adopter ce genre.

Il arrive que, malgré la bonne volonté ressentie pour ce dernier, par ses protecteurs, ils l'écartent un peu de leur intimité et ne le font pas bénéficier des avantages qui pourraient en résulter pour lui.

Il est une qualité indispensable qui s'acquiert moins par l'étude que par la pratique : la politesse.

La fréquentation des gens bien élevés la développe chez les jeunes gens; elle se transmet par l'exemple bien plus que par la théorie.

C'est un ensemble de détails qui font que le maintien, le ton, le geste d'une personne sont toujours ce qu'ils devraient être, ni choquants, ni altiers, ni trop serviles, aimables et sympathiques enfin.

Il y a bien des sortes de politesse, mais nous ne nous occuperons que de celles que doivent pratiquer les jeunes gens à leur entrée dans le monde des affaires, c'est-à-dire dans la vie militante.

La politesse, qu'on désigne aussi très justement sous le nom de savoir-vivre, consiste en une série de petites choses qu'il faut faire ou éviter, selon les circonstances : de cette distinction naît cette qualité essentielle pour se pousser dans le monde qu'on appelle « le tact ».

Le tact c'est de savoir jusqu'à quel degré il faut pratiquer la politesse, c'est de se conduire d'une façon un peu différente avec certaines personnes, suivant le rang qu'elles occupent et la place qu'elles prennent dans la vie de celui qui doit leur témoigner des égards.

Et puisque ce mot est prononcé, il est bon d'établir tout de suite la différence qui existe entre les égards et la politesse proprement dite.

Par exemple, on doit des égards à ses supérieurs, mais on doit de la politesse à tout le monde, même (et j'allais dire surtout) à ses inférieurs.

C'est un signe de mauvaise éducation et un grand manque de tact que de traiter impoliment ceux qui dépendent de nous.

Ce n'est pas ici la place de faire un cours d'égalité, mais à part l'injustice qu'il y a à agir ainsi, on doit encore éviter de le faire par adresse, car l'impolitesse amène toujours l'antipathie et les jeunes gens auront bien assez à batailler avec les événements, sans encore se créer ce sujet de lutte.

D'autant mieux que ce sont presque toujours ceux

qui se montrent le plus durs envers les inférieurs, qui s'humilient plus volontiers devant ceux dont ils dépendent.

Ces deux travers sont également nuisibles à la carrière des jeunes gens, car le supérieur est mis en défiance par trop d'attentions dont il suspecte la sincérité et l'inférieur prend en haine celui qui le blesse par ses propos ou son attitude méprisante.

Si bien que de tous côtés l'antipathie entoure celui qui ne sait se conduire avec tact et mesure.

Il faut donc éviter l'insolence et l'obséquiosité; s'appliquer à une tenue correcte et à un maintien dénué de laisser-aller.

C'est souvent parmi ses camarades ou dans sa famille qu'un jeune homme, sous prétexte qu'il n'a pas à se gêner, prend des habitudes de manque de tenue qui peuvent lui faire le plus grand tort.

Il y perd d'abord l'aisance du maintien, car, habitué à des manières qu'il sait ne pouvoir conserver vis-à-vis des supérieurs, il abandonne celles de tous les jours et, peu familiarisé avec la bonne tenue, se trouve gêné, guindé, alors que s'il se surveillait un peu dans l'intimité, il n'aurait bientôt plus besoin de se faire violence et posséderait naturellement l'allure aisée qui, dès le premier abord, attire la bienveillance et l'intérêt.

En revanche, il adopte l'habitude du laisser-aller dans le langage et finit par exprimer difficilement sa pensée, quand il doit le faire en termes choisis.

J'ai connu un jeune homme, très intelligent du reste, mais qui s'était laissé envahir par les habitudes de négligence dont nous parlons.

Non seulement son costume, rappelant celui des héros de Mürger, le désignait à l'attention d'une façon gênante pour ceux qui étaient susceptibles de le présenter ou de sortir avec lui, mais la négligence qu'ils affichait s'était étendue jusqu'à son langage ; il affectait de ne parler qu'argot et au lieu de prendre la peine de chercher ses mots, les remplaçait volontiers par les expressions : machin, chose, truc, etc...

Je l'avais plusieurs fois mis en garde contre ces incorrections qui pouvaient lui nuire infiniment ; il m'écoutait en riant, me disant que son mérite suffirait bien à le pousser dans le monde.

Mais il arriva ce qui se passe presque toujours en pareil cas ; sa tenue excentrique et son langage bizarre l'avaient peu à peu éloigné des protecteurs qu'il aurait pu trouver et bientôt il n'y eut plus que ses camarades pour admirer ses mérites, bien réels pourtant.

Or ceux-là — quelques-uns pour les mêmes causes que lui, d'autres par insuffisance de travail ou d'intelligence — étaient tous plus ou moins des « ratés » qui ne savaient que l'entretenir dans la révolte contre la société ingrate.

Et ce jeune homme atteignit l'âge d'homme sans avoir su se faire la place que ses capacités lui auraient value, s'il s'était un peu plus soucié de l'importance du maintien.

Nous n'en finirions pas si nous voulions analyser toutes les fautes que ce défaut peut faire commettre.

En dehors des inconvénients que nous venons de signaler, la tenue négligée en présente un autre plus grave, c'est d'engendrer la familiarité.

Les jeunes gens ne sauraient assez comprendre qu'il leur faut, sans fierté aucune, savoir garder leurs distances, et la familiarité des inférieurs s'exercera plus facilement vis-à-vis de quelqu'un, dont la tenue est incorrecte.

Tout jeune homme doit soigneusement se garder, vis-à-vis de son chef, d'une trop grande familiarité ; il serait dans ce cas accueilli avec plus de réserve que celui qui saura conserver l'attitude qu'il doit avoir.

S'il est reçu par lui, il évitera de prendre des poses incorrectes dans le fauteuil où on le priera de s'asseoir ; dans la conversation, il se servira de termes simples mais le plus choisis possibles ; il se gardera bien, en parlant, de toucher le bras de son interlocuteur, comme il pourrait le faire de celui d'un camarade.

Il ne rira pas trop haut et surtout se gardera bien de plaisanter d'une façon trop apparente.

La plaisanterie doit être très délicate, pour ne pas devenir facilement triviale.

En tout cas, elle ne doit jamais être faite aux dépens d'autrui ; c'est alors toujours l'indice d'un mauvais cœur et c'est une chance de succès de moins pour celui qui veut conquérir l'estime d'un supérieur.

Il est toujours, dit-on, facile de faire de l'esprit en raillant les autres ; mais, au risque de négliger une occasion de briller, les jeunes gens doivent éviter de se laisser aller à ce penchant, car il pourrait bien leur valoir de nombreuses inimitiés.

La médisance est presque toujours le résultat de cette habitude de plaisanter à tout propos, qui nous entraine à découvrir les défauts du voisin pour les tourner en ridicule.

C'est le moyen le plus sûr de se faire de nombreux ennemis et très peu d'amis, car il est à remarquer que le « blagueur », si loquace lorsqu'il s'agit de stigmatiser les défauts des autres, devient muet dès qu'il faudrait célébrer leurs qualités.

Du reste, le jeune homme qui veut arriver doit se garder aussi d'une trop grande loquacité.

Les bavards, même inoffensifs, sont un fléau pour tout le monde.

Ce défaut fait toujours grand tort à celui qui ne sait pas s'en corriger, car on n'aura jamais de confiance en lui.

Parler peu et savoir écouter! Là est le secret de bien des réussites.

Il est bon que les jeunes gens s'y exercent de bonne heure.

Ils doivent aussi chercher à bannir la banalité dans leurs conversations; veiller, sans affectation, sur la pureté de leur langage, se montrer aimables sans flatterie et marquer du respect aux personnes qui, dans la hiérarchie sociale, leur sont supérieures, ainsi qu'aux gens âgés auxquels ils s'adressent.

Le respect est un signe de bonne éducation; c'est là où l'on reconnaît un jeune homme bien élevé.

Autrefois, en Grèce, il était d'usage, lorsqu'un jeune homme se trouvait en présence d'un vieillard, qu'il se tint debout devant lui après l'avoir salué.

Il devait se taire quand il parlait et l'écouter avec déférence.

Le grand Napoléon voulait que le respect s'étendît à tous ceux qui travaillent et l'on cite de lui ce trait:

Se promenant à Sainte-Hélène avec un jeune employé de l'administration d'Hudson Lowe, ils rencontrèrent un ouvrier chargé de matériaux de construction, qui omit de les saluer.

Comme le jeune homme parlait de reconnaître l'ouvrier et de le faire réprimander, Napoléon intervint:

« N'avez-vous pas vu, dit-il, que cet ouvrier portait un fardeau? Si l'homme en lui est répréhensible, nous devons lui pardonner en faveur du travailleur. »

Une autre forme de la politesse, et non la plus négligeable, consiste dans la façon d'aborder les gens.

Un jeune homme ne doit jamais commettre l'incorrection de tendre la main le premier à la personne qui lui est supérieure, ni de l'aborder avant que celui-ci n'ait fait un geste qui l'y invite.

Il y a beaucoup de façons de saluer.

Celle qu'on emploie vis-à-vis des femmes ou des personnes auxquelles on doit le respect, de celles auxquelles on désire marquer de la considération, et des vieillards.

Le salut accordé aux amis pour lesquels on éprouve une sympathie mêlée d'amitié.

Le salut banal.

Le salut aux inférieurs.

Enfin le salut entre camarades, qui est plutôt un signe d'amitié qu'une salutation proprement dite.

Pour le premier, il est d'usage de marquer un imperceptible arrêt dans la marche et de se découvrir complètement, en tenant son chapeau assez éloigné de sa poitrine.

Si la femme, le supérieur ou le vieillard ainsi salués font mine de s'arrêter, le jeune homme devra se tenir devant eux découvert, jusqu'à ce que, sur une invitation, il remette son chapeau.

Il évitera de prolonger l'entretien au delà du moment où son interlocuteur aura fait un geste de congé, qui se traduit généralement par l'offre de la main.

Aborder quelqu'un qui fait semblant de ne pas le voir, serait de sa part un manque de tact complet.

Il est des cas où certaines personnes n'aiment pas être rencontrées et elles en veulent beaucoup à ceux qui les mettent dans la nécessité de reconnaître qu'elles ont été vues.

Le salut donné aux égaux doit être cordial, mais

pour un tout jeune homme, il doit toujours se nuancer d'un peu de considération, car la personne saluée est généralement plus âgée que lui.

Pour le salut banal, nous ferons les mêmes remarques.

Quant à celui qu'on accorde aux inférieurs, il doit toujours être empreint de bienveillance et non de condescendance.

Le petit salut protecteur, même envers un serviteur, est une marque de mauvais goût; on doit saluer sans éloigner son bras du corps en se contentant d'élever son chapeau au-dessus de sa tête, mais en se découvrant complètement.

Rien n'est de plus mauvais goût que de porter la main au bord de sa coiffure sans la soulever, et même vis-à-vis des camarades, cette esquisse de salut doit être laissée de côté.

Les salutations « écrites » ne sont pas d'une nature moins délicate et dans la correspondance une grande mesure et ce sentiment des nuances qu'on appelle « le tact » sont également nécessaires.

On ne salue pas un homme influent de la même façon qu'un camarade, ni un parent très proche avec les mêmes mots qu'on emploierait pour un membre lointain de la famille.

Une des formes du tact consiste encore dans l'application à l'écriture.

Il est très désagréable de recevoir des lettres dont l'écriture illisible impose un travail ennuyeux et une grosse perte de temps.

Aussi les jeunes gens doivent-ils s'efforcer d'écrire le mieux possible, en tout cas assez lisiblement pour être sûrs que leurs lettres de demandes d'emploi ne seront pas jetées au panier avant qu'on ait fini de les déchiffrer.

L'exactitude, a dit Louis XIV, est la politesse des rois; ce devrait être celle de tous ceux qui veulent parvenir, car, en outre de la perte de temps fâcheuse qu'elle occasionne, l'inexactitude a encore l'inconvénient de mal disposer ceux qui en souffrent, contre celui qui leur cause cet ennui.

C'est un manque d'égards dont les jeunes gens doivent éviter de se rendre coupables, car ceci tournerait vite à leur désavantage.

On préjuge mal du sérieux d'un jeune homme inexact et l'homme le plus juste concevra de l'attente une irritation, qui se traduira, même involontairement, par la diminution de la bienveillance qu'il pourrait témoigner à celui qui est affligé de ce défaut.

Que les jeunes gens ne l'oublient pas :

Le crédit et la confiance s'éloignent de celui qui manque de tact, de tenue et de mesure.

Ce n'est pas de la haine qu'il suscite, c'est bien pis, car rien n'est plus difficile à combattre que la réputation d'un maladroit et ceux qui veulent parvenir devront tout faire pour ne pas laisser attacher à leur nom cette étiquette qui les dépréciera, à coup sûr, plus qu'une autre, dont la sévérité paraîtrait plus grande.

On pardonne à des gens mal intentionnés beaucoup plus de choses qu'à un « gaffeur » (c'est l'appellation familière qui désigne les gens sans tact), car on peut supposer que les mauvaises intentions ne sont qu'intermittentes, mais la terrible « gaffe » est presque toujours irrémédiable, car on ne peut la prévenir et l'on vit dans la crainte perpétuelle de la récidive, qui se produit, du reste, toujours.

CHAPITRE IV

Le prix du temps.

Time is money, dit un proverbe anglais, si bien connu qu'il est à peine besoin de le traduire :

« Le temps c'est de l'argent. »

C'est surtout au sortir de l'adolescence qu'il est bon, pour un jeune homme qui va faire son entrée dans la vie active, de se bien pénétrer du sens de cette parole.

On ne saurait trop songer que le temps perdu représente des minutes de notre vie qui s'égrènent et disparaissent sans espoir de retour.

Rien n'est plus vrai, au sens propre du mot, que l'expression : « perdre son temps ».

On emploie souvent le mot perdre pour des choses qui disparaissent, en effet, mais peuvent se reconstituer : l'argent, par exemple, même lorsqu'il est définitivement perdu, peut, avec de l'ordre, de l'habileté et du travail, se reconquérir, en partie du moins.

Les divers objets qu'il nous arrive de perdre, peuvent être remplacés.

On achète un bijou qui rappelle celui qu'on a égaré et on finit par oublier totalement cette perte.

Le temps est la seule chose qui reste bien définitivement perdue.

Tous les instants passés dans l'oisiveté sont autant

de moments retranchés de notre vie, c'est autant de temps que nous avons de moins à jouir de l'existence et on peut calculer que celui qui perd une heure par jour, en vient, lorsqu'il atteint l'âge de cinquante ans, à avoir vécu environ deux ans de moins que l'homme dont tous les instants ont été pris par le travail ou les distractions intelligentes.

L'oisiveté, prétendent les sages, est presque toujours plus fatigante que le travail.

On pourrait sourire de cet aphorisme; pourtant en le méditant, on en comprend vite la profonde vérité.

En effet, ou l'oisiveté consiste dans l'abstention du mouvement, ou elle est prise simplement dans le sens : absence de travail.

Dans le premier cas, sa pratique journalière amènerait vite l'affaiblissement de toutes les facultés, morales ou physiques, car l'atrophie du cerveau aussi bien que celle des membres ne tarderait pas à se produire.

Il est, du reste, impossible de songer sans frémir à ce que pourrait être la vie d'un jeune homme pour lequel tout effort, physique ou moral, serait une gêne insupportable.

Il ne tarderait pas à souffrir lui-même d'un état qui le rendrait très voisin des animaux ou des êtres dénués de raison.

Dans le deuxième cas, le mot oisiveté sous-entend simplement : horreur de ce qui est travail, mais n'implique pas pour cela l'abstention des distractions.

Or la vie de la plupart des oisifs est plus remplie par les choses inutiles que ne l'est souvent celle du travailleur.

Ils courent de plaisirs en plaisirs, ne trouvant nulle part la satisfaction qu'ils ne veulent pas demander au labeur bienfaisant, et la culture de leurs plaisirs, de leurs vices, aussi, les use plus vite que ne l'aurait fait un labeur raisonné et intelligent.

Il y a plusieurs sortes de « travail », mais une seule est utile à cultiver, c'est le travail continu.

Entendons-nous, il ne s'agit pas de dire que la vie doit se passer sans distractions et qu'il ne faut jamais songer à un délassement.

Au contraire, dès que la tâche est terminée, il est bon de ramener son esprit vers des choses plus frivoles et de donner à son corps un exercice salutaire, mais tant que la besogne journalière n'est pas accomplie, il est détestable de l'interrompre, serait-ce pour en commencer une autre.

Ceci ne doit se produire que lorsque la fatigue empêche la lucidité, ou que, dans un métier, la répétition du même geste engendre une lassitude qui ne permet plus d'apporter la même perfection dans l'accomplissement.

Dans ces cas seulement, et lorsque le temps fixé pour le travail n'est pas épuisé, il est bon de donner à ses idées un autre cours ou à ses mouvements un autre but.

Mais ceci ne doit être considéré que comme un délassement et il est bon de s'exercer à ne pas le prendre en habitude.

En effet, le travail dispersé apporte toujours une perturbation.

Tous ceux qui écrivent ou les artistes qui créent savent combien il est difficile parfois de posséder son sujet au point d'en être possédé soi-même.

Il faut quelquefois de longs moments pour obtenir ce qu'on appelle : la mise en train.

Être plein de son sujet, pour un peintre ; se sentir l'âme de ses personnages, pour un auteur ; écouter en soi les mélodies qui se déroulent, pour un musicien, ne sont pas des résultats qu'on obtient en s'asseyant devant sa table ou son chevalet.

Il faut quelquefois longtemps avant de se pénétrer de l'ambiance qui donne la nuance exacte de ce que l'on veut représenter.

C'est pourquoi ceux qui sautent d'un travail à un autre, quelle que soit leur facilité, n'arriveront jamais à faire œuvre qui vaille.

L'application n'est pas moins nécessaire dans les métiers manuels.

« C'est en forgeant qu'on devient forgeron », dit le proverbe.

Mais si le forgeron laisse son travail pour faire de la menuiserie et qu'au bout d'une demi-heure il entreprenne de peindre une enseigne, il est plus que probable qu'il n'acquerra jamais de perfection dans aucune de ces professions et que, s'il défalque le temps perdu par chaque « mise en train », il arrivera, s'il est sincère, à constater que, tout en travaillant sans cesse, il a fourni bien moins de besogne que s'il s'était soumis assidûment au même labeur en prenant quelques heures de repos.

On ne fait pas assez la part du travail qui n'est pas apparent, mais si l'on comptait combien de temps l'on perd à préparer la besogne, on éviterait de multiplier ces minutes inutilement perdues. Il est facile de se rendre compte de ceci en raisonnant un peu :

Je suppose que, pour préparer un livre, un écrivain donne un temps appréciable aux recherches et qu'ensuite, ayant pris des notes, il se mette à l'ouvrage.

Par quoi commencera-t-il ?

Il recherchera d'abord ses notes, les compulsera, les étiquètera par rang chronologique, puis se mettra en mesure de préparer dans son esprit les arguments qui doivent servir au développement de sa thèse.

Ceci fait, il sortira du papier, des plumes et s'installera commodément pour écrire.

Celui qui désire peindre préparera une toile, broiera des couleurs, les amalgamera, taillera des fusains, placera son chevalet en bon jour et commencera l'esquisse de son tableau.

Mais si après une heure de travail, il l'abandonne pour se mettre à écrire, il lui faudra dépenser encore un temps assez considérable pour les préparations dont nous venons de parler ; et si, de nouveau, il quitte la rédaction pour entreprendre autre chose, le même temps lui sera nécessaire pour s'installer, si bien qu'à la fin de la journée la somme de travail fournie aura été fort courte, en comparaison des moments accordés aux différents préparatifs.

Sans compter qu'à ce jeu l'esprit se fatigue en inutiles efforts pour retrouver l'ambiance qui se crée autour de celui qui approfondit un sujet.

Ces remarques s'appliquent aussi bien aux professions manuelles, car de la répétition du même geste naît l'aisance et l'habileté ; or, comment pense-t-on conquérir cette aisance si on ne fait qu'effleurer différents métiers au lieu de s'adonner à un seul ?

On raconte que Buffon connaissait si bien le prix du temps qu'il se désolait de la paresse qui le gardait au lit très tard dans la matinée.

Il résolut donc de combattre ce qu'il regardait comme un véritable vice et enjoignit à son domestique de l'éveiller tous les matins de bonne heure.

Mais le domestique l'appelait en vain ; il invoquait des malaises et toutes sortes de prétextes pour ne pas se lever.

Cependant voulant, à tout prix, triompher de lui-même, il eut l'idée de lui promettre un écu chaque fois que ce dernier réussirait *par n'importe quels moyens*.

A partir de ce moment, Joseph (c'était son nom) n'hésita plus à encourir la colère de son maître et depuis les objurgations, jusqu'à l'obsession, sans compter le jet d'eau glacée sur la poitrine, tout lui fut bon pour le faire lever.

Aussi Buffon avait-il coutume de dire : « C'est à Joseph que je dois plusieurs volumes de l'Histoire Naturelle. »

Ceux qui savent le prix du temps ont encore cet avantage de ne pas s'égarer dans les longs discours.

Ils évitent de répéter les mêmes mots et s'expriment en phrases concises et claires qui permettent facilement à leur interlocuteur de suivre le développement de leur pensée.

Ils ne s'attarderont jamais à ces discussions oiseuses qui remplissent la vie de tant de gens.

Jamais ils ne se perdront dans des considérations sur les choses extérieures, comme aiment à le faire les oisifs qui, suivant l'expression populaire, « cherchent à tuer le Temps, en attendant qu'il le leur rende ».

Leurs lettres se ressentiront de ce souci constant ; ils écriront en quelques phrases ce que tant d'autres délaient en plusieurs pages.

Leur style y gagnera assurément en netteté et quelquefois en brio, car les images très nettes, les phrases qu'on retient volontiers, sont généralement, et je dirai presque, exclusivement, faites de peu de mots et c'est là ce qui doit être le but de tout garçon pratique. Il doit désirer que tout dans son attitude indique la maîtrise de soi et la science du prix du temps, dont la connaissance le fera apprécier de ceux dont l'influence pourra être utile à l'accomplissement de sa carrière.

CHAPITRE V

L'ordre et l'économie.

L'ordre et sa compagne habituelle, l'économie, sont le point de départ de tout succès.

Sans la pratique de ces deux qualités, rien de sérieux ne se peut obtenir, car le désordre et le gaspillage ont toujours paralysé les plus intelligents efforts.

Point ne sert d'être actif, expert en son métier et doué des meilleures qualités, si la bonne organisation d'un côté, de l'autre l'économie, ne viennent pas s'imposer comme collaborateurs au travail.

On l'a dit bien souvent, c'est le premier billet de mille francs qui est le plus dur à gagner.

Mais comment arriver à le posséder ce bienheureux billet, si on commence par dépenser, sans besoin réel, les premières pièces de vingt sous qui le composent ?

C'est une erreur trop répandue, de croire que l'économie consiste à se priver d'une chose qui coûte relavement assez cher.

Ceci n'est que la conclusion raisonnable d'un débat entre notre désir et notre raison.

Mais la véritable économie, celle qu'ont connue les fameux milliardaires américains, celle qu'ils recommandent aux jeunes gens, c'est l'économie de la petite pièce qu'on donne si facilement que le geste nous devient familier.

Il faut savoir se mettre en garde contre ce raisonnement stupide :

« Oh ! cinq sous de plus ou cinq sous de moins, je n'en serai pas plus riche ! »

Non assurément, s'il s'agissait d'une seule différence de cinq sous, mais comme on a vingt fois dans la journée l'occasion de faire cette remarque, il se trouve que 25 centimes multipliés par 20 donnent 5 francs, c'est-à-dire environ 150 francs par mois et 1.800 francs par an.

Or le jeune homme qui donne si facilement cinq sous sans utilité, se trouve très souvent gêné pour un billet de 50 francs et il déplore la pauvreté, il maudit la société ou l'avarice de ses parents, alors qu'il n'a qu'à s'en prendre à lui-même et à son propre gaspillage.

C'est surtout l'économie de la pièce minime qu'il est bon de pratiquer, car c'est la dépense qui se répète le plus souvent.

On n'a pas souvent dans une journée (un tout jeune homme surtout) l'occasion de dépenser 20 francs à la fois, et la vertu d'économie, si elle ne porte que sur certaines sommes, n'a pas fréquemment l'occasion de s'exercer.

Mais on a plusieurs fois par jour l'occasion d'économiser quelques sous, sans pour cela se résoudre à aucune privation.

Il ne faut pas oublier que l'économie réelle est celle qui porte, non sur des sommes importantes, mais sur de petites dépenses.

Cela s'explique facilement :

On a rarement l'occasion de donner une grosse somme ; il est donc relativement facile de réfléchir auparavant. Puis, il arrive presque toujours que cet argent représente un achat pressant, sinon indispensable, auquel il est fort difficile de se dérober.

Les petites sommes, au contraire, de par leur modicité, passent inaperçues et sont données, avec d'autant plus de facilité, qu'elles sont regardées comme des quantités négligeables

Il est cependant une façon bien simple pour tous les jeunes gens de réaliser des économies qui ne portent aucune atteinte au confort de l'existence; c'est de donner une importance à chaque petite pièce, non pas en raison de sa valeur intrinsèque, mais en songeant à celle qu'elle acquiert par la vertu de la multiplication.

Ceux qui ne savent pas compter donnent tous les jours, *inutilement*, une certaine quantité de pièces de menue monnaie qui, à la fin de l'année forment un total respectable et souvent une somme qu'ils seraient heureux de posséder.

C'est ce qu'on appelle l'économie raisonnée et il faut appuyer sur ce mot, car l'économie ne va pas sans ordre et l'ordre ne s'établit pas sans une certaine organisation qui demande de la réflexion.

C'est pourquoi il est indispensable que les jeunes gens se fassent un budget ; si modeste soit-il, ils devront baser leur existence sur le rendement de ce budget, en n'oubliant pas de faire la part de l'épargne.

Ce premier argent, pour quelques-uns peu fortunés, formera d'abord une somme dérisoire, mais ils ne doivent pas se décourager.

Tout le monde sait la puissance de la tirelire qu'on a emplie sans s'en apercevoir et qui, lorsqu'on la casse, fournit une somme qui représente quelque chose, alors que les sous épars qu'on y a glissés, pris séparément, ne représentaient à peu près rien.

Donc, tout jeune homme doit se constituer une réserve qui, pour quelques-uns, sera une quiétude, pour d'autres, le commencement de la fortune.

Que dirait-on de celui qui entreprendrait un voyage de quelques jours en se fiant aux hasards de la route, sans emporter la moindre provision, sous le prétexte qu'il vient de dîner et qu'il n'a pas faim ?

C'est ce que font les imprévoyants.

Ils se fient au présent et n'amassent rien pour l'avenir, si bien, qu'arrivés à l'âge mûr, ils végètent encore alors qu'ils devraient être parvenus à la fortune et au succès.

Le moyen d'avoir toujours quelque chose dans sa poche, dit un précepte américain, est des plus facile à mettre en pratique.

Il consiste tout simplement à dépenser moins qu'on ne gagne.

Cela est parfois difficile lorsque le gain est trop minime ; mais cette raison même doit devenir un encouragement à l'effort vers la situation meilleure et mieux rémunérée.

Une autre raison milite encore en faveur de l'économie, c'est la conquête de l'indépendance.

Les désordonnés, les besogneux sont toujours, en effet, sous la dépendance de ceux qui les aident à vivre.

La fortune laborieusement amassée, au contraire, porte avec elle ce don, si enviable pour un homme fait : l'indépendance.

Ceux qui gémissent sous le poids de la dette n'en connaîtront jamais les bienfaits ; ils vivront dans l'angoisse des réclamations, dans les soucis toujours renouvelés et toujours plus aigus des échéances qui, se grossissant des intérêts mal payés, finissent par former des sommes tellement importantes, qu'ils doivent perdre l'espoir de s'acquitter jamais.

Ils connaîtront aussi l'humiliation d'avoir à demander des services à l'âge où l'on devrait protéger les autres.

Quoi de plus pénible, en effet, que les démarches effectuées en vue d'obtenir un prêt, de reculer une date de paiement ou de demander une signature !

Quel que soit le mérite du quémandeur, il a toujours le rôle d'un vaincu.

Il a cependant quelquefois davantage de valeur que celui auquel il fait appel, mais en réalité il lui est inférieur puisqu'il ne possède pas les qualités d'ordre qui permettent d'établir solidement sa situation.

Un proverbe dit que celui qui ne sait pas se constituer de provision et se trouve réduit à manger son blé en herbe ignorera le bénéfice des moissons.

Mais pour arriver à organiser cette économie et surtout pour n'en pas souffrir, beaucoup d'ordre est nécessaire.

Nous avons parlé d'établir un budget.

Pour ce faire, le jeune homme devra d'abord se recueillir et penser sincèrement et minutieusement à toutes les occasions de dépense qu'il peut avoir.

Il prendra ensuite un carnet et inscrira chaque chose afin de ne rien oublier.

Si ce budget dépasse ses ressources, ou s'il ne lui permet pas l'épargne, il lui faudra choisir les choses qui ne lui sembleront pas indispensables et les biffer impitoyablement, jusqu'au moment où il parviendra, non seulement, comme on dit, à joindre les deux bouts, mais encore à réserver une petite somme pour l'imprévu et une autre pour mettre de côté et servir de point de départ à sa fortune future.

On ne dit pas assez aux jeunes gens quelle liberté d'esprit, quelle sérénité, quelle puissance de travail, et, partant de là, quelles chances de réussite donne la conscience de la vie matérielle assurée.

Est-il possible de besogner sérieusement lorsqu'on est

hanté par le fantôme de la dette, lorsque chaque coup frappé à la porte fait redouter la visite d'un créancier ?

Et que de temps perdu en démarches, que d'argent gaspillé en invitations pour des rendez-vous dont le but est toujours l'emprunt !

Ah ! comme il serait bien plus facile d'accepter avec courage n'importe quel labeur et de remplir sa tâche avec énergie et continuité !

Après avoir organisé son budget, le jeune homme qui veut réussir doit s'occuper des moyens de l'utiliser au mieux de son agrément et de son bien-être.

Une des choses les plus importantes dans cet ordre d'idées est la toilette.

Il ne s'agit pas, bien entendu, de coquetterie, mais de la correction indispensable à celui qui veut arriver.

Que le jeune homme soit employé dans un bureau ou qu'il travaille dans une usine, son costume devra être l'objet de ses soins journaliers.

Il évitera les taches et, s'il s'en produit, les fera aussitôt disparaître, car rien ne dispose plus mal en faveur de quelqu'un que des habits souillés.

Il surveillera soigneusement la solidité des boutons et brossera tous les matins les habits de la veille.

Avant de les ranger dans l'armoire il devra les examiner minutieusement, et, s'ils ont besoin d'une petite réparation, la faire faire immédiatement, car ce petit dégât ne tarderait pas à devenir irréparable.

Dans la chambre qu'il occupe, le jeune homme mettra aussi tout l'ordre possible :

D'abord il est infiniment plus agréable de séjourner dans un logis où toute chose est à sa place ; c'est là le charme du chez soi qu'on ne saurait goûter si la pièce qu'on habite est encombrée d'objets hétéroclites et si la poussière en atténue toutes les couleurs.

De plus, il est fort ennuyeux d'avoir des recherches à faire pour trouver ce que l'on désire.

On bouleverse tout pour arriver à ce résultat, augmentant encore le désordre, qui finit par devenir une cause de paresse; car l'ennui de rechercher un livre fait que, souvent, au lieu de s'asseoir à sa table, un étudiant prendra son chapeau et ira rejoindre des camarades.

Celui, au contraire, qui tient à la bonne harmonie de son home trouvera un charme particulier à l'ordonner d'abord, à l'embellir ensuite, enfin à l'habiter.

Au lieu de dépenser sottement son argent en futilités, il aimera les stations chez les bouquinistes et reviendra heureux lorsque, pour quelques sous, il aura trouvé un exemplaire intéressant; il se formera ainsi une bibliothèque à bon compte et, peu à peu, augmentera les bibelots qui donnent à l'habitation un charme personnel.

Le plaisir de classer ses livres, de les lire, d'organiser leur installation, tout cela donnera à son logement des attraits qui l'y retiendront.

Il trouvera son plaisir dans l'étude et le calme, et le bon moment de sa journée sera celui où il pourra s'y adonner complètement.

Tandis que celui qui laisse le désordre s'installer en maître chez lui, ne peut se plaire au milieu du tohubohu que représente sa chambre ; il n'y séjourne que le temps indispensable et contracte forcément des habitudes de dissipation.

Le désordre a encore l'inconvénient de nous laisser ignorer au juste ce que nous possédons; dans le nombre des objets rangés sans souci au fond des armoires, nous sommes parfois tout étonnés de retrouver certaines choses que nous avons remplacées récemment, ne pouvant nous souvenir de l'endroit où nous les avions placées.

Comme vous le voyez, le défaut d'ordre et d'économie, outre les désavantages divers qu'il a, nous soumet encore à toutes sortes de vexations d'amour-propre ; en nous forçant à quémander, il nous prive à l'âge mûr de notre indépendance et nous empêche, dans la jeunesse, de goûter les plaisirs délicats que connaissent bien tous ceux qui sont pénétrés des mérites d'une organisation permettant de se livrer, dans le présent, aux joies reposantes des distractions bien gagnées, à la quiétude qui découle de l'administration sage de sa vie, agrémentée de l'assurance d'un avenir que chaque jour améliore et d'une fortune, qui s'accroît lentement mais sûrement.

Il ne faudrait cependant pas tomber dans le défaut contraire et, sous prétexte d'économie, pratiquer l'avarice, destructrice des beaux sentiments et complice de mille petites mesquineries.

L'avarice exclut tout noble élan, toute participation désintéressée aux problèmes qui doivent préoccuper tous les jeunes esprits.

Elle a de plus une propension à dessécher le cœur, car dans la crainte de se laisser attendrir et de délier les cordons de leur bourse au profit d'une infortune, les avares en arrivent à se cuirasser contre tout sentiment qui n'est pas leur vice et rien ne les touche dès qu'il ne s'agit pas d'entasser une pièce sur une autre pièce.

Les esprits imprégnés de volonté se garderont bien de tomber dans ces excès ; d'autant mieux que l'avarice n'exclut pas le désordre ; elle l'organise même quelquefois en incitant à se priver des dépenses nécessaires à toute bonne administration.

La bonne économie consiste quelquefois à faire un sacrifice d'argent momentané pour éviter une dépense répétée.

Toutes ces nuances seront très vite devinées et observées par ceux qui, désireux d'établir solidement leur vie, mettront tous leurs soins à pratiquer ces deux vertus sans lesquelles il est impossible d'escompter un succès durable.

CHAPITRE VI

Les éléments utilitaires de chaque langue.

Par chaque langue, il faut entendre les trois ou quatre langues principales : le français, l'anglais, l'allemand et une langue latine, telle que l'italien ou l'espagnol.

L'étude des langues est relativement facile pour les jeunes gens.

A part ce qu'ils pourraient apprendre au lycée ou dans les écoles, il en est peu qui n'aient des camarades de cours ou d'atelier appartenant à une nation étrangère.

Presque tous ceux qui se trouvent transportés loin de leur pays éprouvent la nostalgie de leur langue natale, c'est pourquoi il ne serait pas difficile à celui qui le voudrait bien d'apprendre, sans bourse délier, une autre langue que la sienne.

Un moyen certain d'y arriver serait de proposer un échange : l'étranger serait très heureux de trouver une occasion de plus de travailler la langue du pays dans lequel ses occupations ou ses études le font vivre et il saisirait avec joie ce moyen de se perfectionner.

La meilleure façon de faire réussir cette petite combinaison est de diviser le temps de l'entrevue en deux parties égales; pendant la première, une seule langue devra être parlée, et la seconde serait consacrée à l'étude exclusive de la deuxième.

Les commencements seuls sont un peu pénibles, dans l'étude des langues étrangères ; mais dès qu'on commence à pouvoir se faire comprendre et à saisir la pensée de son interlocuteur, le reste ne devient qu'un jeu. Nous ne parlons pas, bien entendu, d'une étude perfectionnée qui demanderait aux jeunes gens plus de temps que certains d'entre eux n'en peuvent consacrer à cette acquisition, mais il leur suffira de posséder les premiers éléments et de dire ce qu'ils veulent exprimer dans la vie courante, pour ne point se trouver embarrassés si le hasard des affaires les conduit hors de leurs frontières.

Cette connaissance, même rudimentaire, leur sera précieuse encore, dans le cas où les nécessités de leur profession les forceraient à opérer des transactions avec d'autres pays.

Alors même qu'ils seraient forcés de pousser plus à fond l'étude de cette langue, ce qu'ils en auraient appris leur servirait d'autant mieux que, dans cet ordre d'idées, rien ne vaut la pratique.

Maintes expressions, maintes tournures de phrases ne s'apprennent pas dans les livres mais dans la conversation.

Cette méthode que nous préconisons, car elle est à la portée de tous, présente encore cet avantage de permettre, à celui qui enseigne, de se remémorer des choses qu'il a sues parfaitement, mais qui, depuis son enfance, se sont éloignées de son esprit.

C'est encore un excellent moyen de réfléchir aux bizarreries de notre propre langue, de les découvrir et d'en approfondir les origines.

Certains mots ne sont que la corruption d'une appellation étrangère, tandis que d'autres sont devenus tout à fait cosmopolites.

D'autres éveillent le souvenir de lointains passés et leur étymologie est fructueuse en découvertes intéressantes.

De cette étude sortira donc un véritable profit, pour tous les jeunes gens, à quelque classe qu'ils appartiennent, car il n'est jamais indifférent d'augmenter son bagage scientifique.

De plus, chacun puisera, dans les connaissances des éléments utilitaires des langues, un sujet de déductions et de réflexions qui ne pourra que fortifier sa pensée en lui faisant mieux comprendre la valeur des mots qu'il emploie machinalement, sans se douter de leur origine.

A notre époque, il est presque indispensable à un jeune homme de savoir se faire comprendre dans d'autres langues que la sienne.

Nous ne sommes plus au temps où l'on faisait son testament avant de franchir la frontière.

Les affaires se multiplient et s'étendent tous les jours et chacun, dans sa profession, peut se trouver appelé à traiter des transactions à l'étranger.

Pensez un peu à l'infériorité de celui qui, pour débattre ses intérêts, est obligé de se servir d'un interprète.

Dans la bataille des affaires, celui-là part avec de mauvaises armes contre un adversaire qui en connaît le défaut.

De jour en jour aussi, le chemin des colonies nous devient de plus en plus accessible; là encore le besoin de connaître une langue étrangère se fait parfois sentir impérieusement pour ceux qui veulent coloniser.

Il est donc de toute nécessité qu'un jeune homme apprenne sérieusement, en classe d'abord, une langue autre que sa langue maternelle, et il n'est pas moins nécessaire ensuite qu'il achève de la cultiver.

Ce sera pour lui une occasion à peu près certaine d'avancement dans sa carrière, car les relations commerciales et industrielles tendant, de jour en jour, à s'universaliser, c'est lui qui aura chance d'être désigné quand il s'agira de négociations avec le pays dont il parle la langue.

Et si même cette mission ne lui incombait pas, il aurait encore à se féliciter d'avoir acquis une connaissance qui, en élargissant le champ de ses pensées, lui ferait pénétrer l'esprit des célèbres auteurs étrangers et l'aiderait à mieux comprendre les beautés de la littérature de son pays.

CHAPITRE VII

Les dangers de la vie.

Les courses, le jeu, le café, le tabac.

Töpffer a dit (1) : « Il faut travailler, mon ami, et puis ne rien faire, voir du monde, prendre l'air, flâner, parce que c'est ainsi que l'on digère ce que l'on apprend, que l'on observe, que l'on lie la science à la vie au lieu de ne la lier qu'à la mémoire. »

Cela est certainement profondément pensé et, de même qu'un arc ne peut pas toujours rester tendu sans se briser, il est impossible de demander aux jeunes gens de travailler toujours sans se livrer à aucun délassement.

L'étude ou le travail constants produiraient des effets tout autres que ceux que l'on en attendrait.

Töpffer a raison : il faut « digérer » et lier à la vie ce que l'on apprend au lieu de ne le lier qu'à la mémoire, ce qui ne manquerait pas de rendre les études trop fugitives.

Après le travail actif, se fait un travail inconscient qui fixe les idées et organise les fonctions de la mémoire.

Lorsque nous avons fait un bon repas, nous devons laisser notre estomac inactif afin de permettre à la digestion de se faire et aux aliments de s'assimiler.

(1) *Presbytère*.

Il en est de même pour notre cerveau ; il faut le laisser se reposer afin de lui permettre l'assimilation des choses que nous lui avons données en pâture.

Dans le cas où nous voudrions insister, il en serait comme pour l'estomac, le cerveau trop plein rejetterait les aliments dont nous voudrions encore le combler et au lieu d'un grand bien, nous n'en ressentirions que de fâcheuses conséquences.

Il faut donc, après le travail, se livrer au repos, c'est-à-dire à des distractions reposantes qui permettent de ne rien perdre du bénéfice acquis, tout en tenant l'esprit éloigné de ses préoccupations ordinaires.

C'est là que commence, pour les jeunes gens, la série des écueils que nous avons désignés sous le nom qui fait le titre de ce chapitre : les dangers de la vie.

Il en est un, d'autant plus terrible, qu'il se pare de sophismes qui le présentent sous des couleurs empruntées; ce danger, un des plus grands de notre époque, celui auquel résistent peu de jeunes gens, a nom : les courses.

Ah ! s'il s'agissait de simples courses de chevaux, s'il n'était question, comme beaucoup de jeunes gens se le disent de bonne foi, que d'aller passer une journée en plein air en s'intéressant aux joies du sport, les courses ne pourraient jamais passer pour un délassement répréhensible.

Mais il n'en est presque jamais ainsi.

Quand même un jeune homme y est allé sans arrière-pensée, si même, instruit déjà par l'expérience, il s'est promis de borner son plaisir à une promenade agrémentée de la vue des courses, la voix enjôleuse du jeu se fait entendre à son oreille et lui murmure des promesses qu'il écoute malgré lui.

Il résiste quelquefois un peu, mais tout d'un coup il

voit le résultat affiché et il lit avec envie que le cheval gagnant vient de rapporter plus de cent francs de bénéfice par cinq francs de mise.

Et, malgré lui, ses doigts effleurent dans sa poche l'argent de son dimanche.

Pensez donc! s'il gagnait cent francs, quelle joie! Et, l'imagination aidant, il commence à supputer ses gains en leur donnant une destination.

Rares sont ceux qui résistent jusqu'au bout.

La plupart d'entre eux se laissent entraîner et vont échanger leur monnaie contre un ticket portant le numéro du cheval qu'ils ont choisi.

Qu'arrive-t-il? S'ils gagnent, il est bien rare qu'ils s'en tiennent là ; ils continuent, car le plaisir leur semble bien vif et le gain vraiment facile.

Dans le cas où ils seraient heureux le premier jour, ils n'ont plus qu'une idée, c'est de revenir le lendemain et les voilà lancés dans le tourbillon du jeu avec les hauts et les bas qu'il comporte.

S'ils perdent, ils veulent généralement rattraper leur argent et après avoir donné tout ce qu'ils avaient dans leur poche, ils rentrent chez eux en proie à une idée fixe : trouver de l'argent pour se « refaire ».

Les études sont délaissées, le travail semble pesant et on prend en pitié l'emploi qu'on remplit, lorsqu'on pense qu'en cinq minutes, avec cinq francs, il est possible de gagner plus qu'on ne gagne en travaillant tout un mois.

Faut-il s'étonner que les jeunes gens qui, suivant l'expression populaire, ont « le jeu en tête », en arrivent à ne plus fournir qu'une moindre somme de travail et qu'ils manquent totalement d'application ?

D'abord, rien n'est plus absorbant que le jeu des courses ; songez-y : il faut étudier les « performances » de tous les chevaux pour arriver à faire son choix ; savoir que celui-ci a gagné avec une surcharge, battant un ou plusieurs de ceux qui vont courir avec lui.

Les journaux spéciaux remplacent donc les livres d'études, jusqu'au moment où le jeune homme se dira, après un coup de veine, qu'il est vraiment bien bon de se tuer au travail quand l'occasion de gagner de l'argent se présente si riante.

C'est là le point de départ de tant de vies ratées, car, vous le pensez bien, la chance n'est pas constante et le jeune homme se trouve bientôt réduit aux expédients.

Il en vient même parfois à côtoyer l'indélicatesse, car il ne doute jamais du succès pour le lendemain.

Tous les jours il met le pied sur le champ de courses avec la même espérance, et il ne considère pas comme malhonnête d'emprunter un argent qu'il se croit certain de rendre.

Et cela va ainsi jusqu'au moment final de l'affolement, lorsque des pertes successives l'ont réduit à des extrémités où l'on n'écoute plus le cri de sa conscience.

Mais, objectera-t-on, il ne perd pas toujours.

C'est vrai : il gagne quelquefois pendant un laps de temps assez long pour lui faire croire qu'il est dans la vérité.

C'est encore plus grave peut-être.

A gagner l'argent si facilement, il contracte des habitudes de luxe et de gaspillage, qui le laissent dépourvu lorsqu'une perte l'atteint.

De plus il s'est accoutumé à des journées de paresse qui lui rendent tout travail régulier impossible et on voit tous les jours des jeunes gens qui auraient pu, par leur intelligence, devenir des chefs d'industrie estimés, se traîner dans les bas-fonds où grouillent les gens qui ont fait du jeu leur unique profession, sans pouvoir trouver en eux l'énergie de s'arracher au mauvais charme.

Les autres jeux ne sont pas moins terribles que celui des courses.

Les cartes sont aussi un danger permanent pour les jeunes gens qui s'y adonnent.

Il est rare qu'ils le fassent avec mesure et qu'ils les considèrent comme un délassement.

L'amour de l'argent s'y mêle toujours ; les enjeux sont souvent assez considérables pour que les conditions de la vie matérielle se trouvent modifiées dans le cas d'une perte.

Aussi les jeunes gens sentant que, si la mauvaise chance les visite, elle apportera avec elle des privations sans nombre, deviennent quinteux, désagréables, âpres à cette lutte dans laquelle ils sont cependant sûrs de succomber.

C'est là la genèse de bien des fautes, de celles que le monde considère comme une déchéance, aussi bien que des autres, plus graves, qui relèvent de la justice des tribunaux.

Quelquefois, c'est le besoin de parfaire une somme qui mène les jeunes gens à cet abîme.

Pour satisfaire un plaisir ou pour combler un vide que leur manque d'ordre a causé, ils ont besoin d'une somme dont ils ne possèdent qu'une partie et ils se font ce faux raisonnement :

« Puisque je suis sûr de ne pas pouvoir payer à l'échéance, qu'est-ce que je risque en essayant d'arrondir le total ? Si je perds je ne paierai pas, mais puisque cela m'est déjà impossible, la situation ne changera pas beaucoup. Mais si je gagne, je puis acquitter ma dette et je suis sauvé. »

Le jeune fou ne se dit pas qu'avec la somme qu'il possède il pourrait donner un acompte, faire reporter l'échéance et travailler assez pour être exact, cette fois-là.

Ce qu'il ne prévoit pas surtout, c'est que, quand même il gagnerait, cela deviendrait encore un désastre pour lui, car séduit par cette façon commode de trouver de l'argent, il se trouverait tenté de négliger ses travaux habituels pour devenir un habitué du jeu et gâcherait ainsi sa vie, en y introduisant le désordre, inséparable de toute existence de hasard.

Avec la coutume du jeu, les susceptibilités s'émeuvent.

Le dépit de perdre joint au besoin impérieux d'argent suscite parfois dans l'âme des joueurs des pensées qui, sans cette passion, n'y auraient jamais pris naissance.

On en vient à considérer la malchance (la guigne) comme un être malfaisant contre lequel tout moyen de lutte est, sinon excusable, du moins légitime et on arrive à des compromissions que les gens sévères qualifient d'un mot : tricherie.

C'était aussi l'avis de Mme Deshoulières lorsqu'elle disait, il y a deux siècles :

> Un joueur, d'un commun aveu,
> N'a rien d'humain que l'apparence ;
> Et d'ailleurs, il n'est pas si facile qu'on pense
> D'être fort honnête homme et de jouer gros jeu.
> Le désir de gagner, qui nuit et qui occupe,
> Est un dangereux aiguillon.
> Souvent, quoique l'esprit, quoique le cœur soit bon,
> On commence par être dupe,
> On finit par être fripon.

C'est la triste histoire de bien des jeunes gens qui, ayant été dupés, ont voulu prendre leur revanche, sans écouter la voix de leur délicatesse, anéantie par la fréquentation habituelle des joueurs.

Ce qu'il faut encore déplorer dans la passion du jeu,

c'est qu'elle s'exerce le plus souvent dans les cafés où, au milieu d'une atmosphère malsaine, les jeunes gens prennent l'habitude de boire et de fumer à outrance.

« Voilà, dit Carnegie (1), le milliardaire dont les conseils doivent être appréciés au sujet des affaires, voilà l'écueil qui vous fera plus facilement échouer dans votre carrière, et je vous dis que vous êtes plus sujet à échouer dans votre carrière à cause de l'habitude de boire qu'à cause des autres tentations, même réunies, auxquelles vous êtes exposés.

« Vous pourrez, en effet, renoncer à tout autre vice, vous amender, vous ressaisir et sinon gagner le terrain perdu, au moins rester dans la course, vous faire une situation respectable et vous y maintenir.

« Mais se soustraire à la soif insensée des liqueurs fortes, c'est à peu près impossible.

« J'ai connu bien peu d'exceptions à cette règle.

« Il vaudrait encore mieux n'y pas toucher du tout.

« Mais si c'est une règle trop dure pour vous, tenez-vous-en, du moins, avec fermeté à celle que voici :

« Décidez de n'y toucher jamais qu'aux repas.

« Un verre au dîner ne vous empêchera pas d'avancer dans la vie et ne diminuera pas votre force nerveuse.

« Mais je vous en supplie, considérez comme incompatible avec la dignité de l'amour-propre d'un gentleman, avec ce que vous vous devez à vous-même, étant ce que vous êtes, et surtout ce que vous êtes résolu à devenir, de boire un verre de liqueur sur un comptoir.

« Soyez beaucoup trop gentleman pour entrer jamais dans un bar...

---

(1) *L'Empire des affaires.*

« Vous ne poursuivrez votre carrière en sécurité que si vous vous en tenez à ce parti.

« Adhérez-y et vous aurez échappé au plus mortel de vos ennemis. »

On nous accordera que les avis de cet homme, parti du plus modeste emploi pour conquérir une des royautés du milliard, sont des plus précieux et méritent d'être médités par tous les jeunes gens qui désirent accomplir une belle carrière.

Mais là ne s'arrêtent pas les méfaits des longues stations au café.

Nous venons de parler de la passion du jeu qui se développe facilement dans l'âme des jeunes gens, qui, d'abord pour combattre l'ennui et le désœuvrement, ensuite par goût et désir de gain, s'adonnent au plaisir de remuer les cartes.

Il est un autre danger, c'est celui de l'inaction, de la veulerie qui s'empare de tous ceux qui fréquentent les cafés.

Dans la fumée des cigarettes ou des pipes, on contracte vite des habitudes d'alanguissement ; on prend le goût des causeries banales, des potins et comme on ne peut rester inactif, quand on a cessé de parler on boit, puis on joue et l'on boit encore.

Comme ceux qui fréquentent les cafés sont généralement des jeunes gens peu studieux, les conversations ne sont jamais élevées.

On parle des incidents des courses, de la somme qu'on aurait pu gagner, des femmes qu'on a rencontrées, on parle aussi des liaisons passagères auxquelles on ajoute l'importance des gens qui n'ont rien de mieux à dire :

« Une telle a quitté Un tel. »

Ou : « Une telle s'est mise avec Un tel. »

Et, peu à peu, l'intelligence du jeune homme qui fréquente le café s'atrophie et dévie du côté des insignifiances et des mesquineries vulgaires.

S'il veut se ressaisir et parler d'aller travailler, un tollé général accueille sa proposition et comme il a peur du ridicule, il finit par se blaguer lui-même et se garde bien de donner prise aux quolibets en déclarant sa résolution de faire son chemin par le travail.

Une grande volonté seule pourrait le sauver, mais son cerveau, alourdi par le poison du tabac, ne sait rien lui inspirer de pareil et autant par indolence que par manque de courage, il reste là, éprouvant un plaisir médiocre, un plaisir de basse qualité à se mêler à ceux dont il redoute les sarcasmes.

Il en vient bientôt à s'assimiler si bien à eux, qu'il adopte leurs façons, presse son travail afin de venir les rejoindre et finit par ne plus rien désirer d'autre que de brasser des cartes dans une atmosphère empestée en échangeant des propos sans valeur.

Beaucoup de jeunes gens, cependant, savent résister à ce courant, ils prennent leurs distractions du dehors à l'air libre et s'ils entrent dans un café, s'ils jugent à propos de se délasser l'esprit avec un jeu, c'est au trictrac, aux dames, ou aux échecs, qu'ils demandent la récréation nécessaire à tout travailleur.

« Le jeu des échecs, dit Franklin (1), comporte une excellente morale, car il nous apprend beaucoup de choses.

« La prévoyance qui regarde dans l'avenir et considère les conséquences que peut avoir une action, car le joueur se dit continuellement : si je remue cette pièce, quel sera l'avantage de ma nouvelle position ?

---

(1) *Benjamin Franklin*, Hachette.

Quel parti mon adversaire en tirera-t-il contre moi ?....

« Le coup d'œil qui embrasse tout l'échiquier, voit le rapport des différentes pièces entre elles, leur position, le danger auquel elles sont exposées, etc., etc...

« La prudence, qui nous garde de tout mouvement précipité...

« Enfin, par le jeu des échecs, nous apprenons à ne pas nous décourager, par le mauvais état où nos affaires semblent être quelquefois ; nous prenons l'habitude d'espérer un changement favorable et celle de persévérer à chercher des ressources...

« Il y a tant de retours, tant de vicissitudes ; et il arrive si souvent qu'après avoir longtemps réfléchi, nous trouvons le moyen d'échapper à un danger qui paraissait inévitable... »

Il est certain que le jeu des échecs est, pour les jeunes gens, un délassement salutaire à condition qu'ils ne s'y adonnent pas dans l'atmosphère malsaine d'un café, à proximité de joueurs de cartes, qui chercheront toujours à les entraîner.

Dans certaines brasseries mal fréquentées de la rive gauche, on peut voir un garçon d'une trentaine d'années, dont les traits flétris accusent un âge plus avancé ; il est connu sous le nom du « tuyauteur ». Sa tenue, plus que négligée et le peu de soin qu'il a de sa personne, le désignent dès l'abord à l'attention. Il arrive près d'un groupe d'étudiants, chuchote quelques mots à l'un d'eux, puis passe à un autre groupe et enfin vient s'échouer sur une banquette devant une absinthe qu'il cherche à faire renouveler par les habitués.

A certains jours il joue sans arrêt, avec une joie bruyante ou un désespoir plein d'imprécations.

D'autres fois, quand il n'a pas d'argent en poche, son temps se passe à commenter le jeu des autres, après avoir tenté d'obtenir de chacun une pièce d'argent pour se mêler à la partie.

Il est, du reste, traité avec un mépris qu'on ne prend guère la peine de déguiser et qui semble ne pas l'atteindre. L'histoire de ce garçon est de celles qu'il faudrait raconter à tous les jeunes gens en le leur faisant voir dans sa dégradation, comme autrefois, à Sparte, on montrait les Ilotes, dans le plein de leur ivresse, afin d'éloigner, par ce terrible exemple, la possibilité de leur être semblables un jour.

Il appartenait à une famille distinguée, avait fait de très bonnes études et travaillait pour remplacer son père, qui était chef d'une industrie florissante.

Sa conduite était excellente et il se vantait lui-même, à dix-huit ans, de n'avoir jamais mis les pieds dans un café.

Un jour qu'un incident nécessitait la présence d'un employé de la maison, il fut chargé d'aller le relancer au café où celui-ci faisait sa manille.

Ne voyant revenir ni l'un ni l'autre, on envoya quelqu'un à sa recherche et on le trouva attablé avec des gens peu recommandables, qui, en attendant la fin de la partie de l'employé, l'avaient entraîné dans une partie de baccara.

On n'attacha d'abord aucune importance à cela et c'est à peine si son père l'en gronda ; mais bientôt il fallut constater, d'abord la diminution, puis la disparition de son zèle ; il s'absentait fréquemment sous n'importe quel prétexte et restait introuvable pendant des journées entières.

Sur ces entrefaites, son père mourut et il se trouva à vingt ans à la tête d'une certaine fortune.

De ce jour-là, il abandonna tout travail et malgré les efforts des parents qui essayèrent, par tous les moyens possibles, d'enrayer sa passion, il passait ses journées aux courses et le reste du temps au jeu ou dans les cafés.

On le dota d'un conseil judiciaire et, aveuglé par sa folie, il commit tant d'indélicatesses qu'il fallut sacrifier le reste de ses intérêts dans l'usine pour le sauver.

Il a à peine trente ans et il est devenu une véritable loque humaine.

Dévoré par ses vices, il ne peut se résoudre à travailler, mais comme il lui faut de l'argent pour vivre et surtout pour jouer, il fait le métier qui lui a valu son nom : il vend des tuyaux (renseignements) pour les courses.

Ce qu'il murmure à l'oreille des consommateurs, c'est le nom d'un cheval qui court dans une course prochaine. S'il arrive premier, le gagnant reconnaît son service avec un peu d'argent ou l'offre de quelques absinthes.

Il joue immédiatement l'argent et, après quelques fluctuations de la chance, se retrouve aussi misérable qu'avant, et les absinthes finissent d'abrutir ce garçon qui, sans le jeu et le café, serait devenu un homme riche et envié.

Il faut donc répéter avec Carnegie :

« Soyez beaucoup trop gentleman pour jamais entrer dans un bar. »

CHAPITRE VIII

Les dangers de l'amour.

L'amour est, avec l'instinct vital, le plus puissant de tous les ressorts, a dit Schopenhauer.

C'est, en effet, le commencement et le terme de toutes choses, puisque c'est de l'amour que naît la vie : c'est aussi quelquefois ce qui cause la mort.

L'amour peut être une source de bonheur réel et harmonieux ou le point de départ d'une série de malheurs, dont la répétition deviendra une calamité.

Tout parle d'amour autour des jeunes gens ; aucun d'eux ne se soustrait à sa puissance et chacun à son tour passe sous les fourches caudines de la passion.

Pourquoi donc alors prendre ce petit ton détaché qu'affectent maints censeurs, quand il s'agit de parler de ce sentiment ?

Puisqu'il est entendu que chaque jeune garçon, dès qu'il atteindra l'âge de la virilité, aura à se débattre contre son emprise, pourquoi ne pas discuter sur l'amour au lieu d'en sourire ?

Pourquoi ne pas apprendre aux jeunes gens à lire en eux, afin qu'ils ne prennent pas pour un sérieux mouvement d'âme ce qui n'est qu'une sollicitation de la jeunesse qui bouillonne en eux ?

Enfin, pourquoi ne pas leur faire toucher du doigt les risques auxquels ils s'exposent en se livrant à un entraînement dont ils regretteront les conséquences?

Que dirait-on d'un capitaine qui laisserait partir ses soldats pour une expédition semée de périls sans leur avoir auparavant distribué des armes pour leur permettre de se défendre.

Et comment jugerait-on sa conduite si, sachant qu'ils ont à traverser une voie pleine d'embuscades et de chausse-trapes, il commençait, avant de les expédier vers ces périls, par leur attacher un bandeau sur les yeux?

Les parents et les éducateurs qui dérobent aux jeunes gens les dangers de l'amour n'agissent pas autrement.

C'est pourquoi il nous a semblé bon d'attaquer franchement ce chapitre en leur disant :

« Prenez-garde ! Les fleurs du chemin recèlent mainte vipère; avant de cueillir celles qui vous plaisent le mieux, regardez soigneusement si le reptile dangereux n'est pas caché sous ces fleurs.

« D'autres fois, c'est moins grave, c'est seulement une abeille qui, froissée par votre contact vous harcèlera de ses piqûres en vous rendant les moments présents insupportables.

« Il en est de ces fleurs, enfin, qui, sous leur apparence magnifique, distillent un poison terrible, dont le venin atteint sans miséricorde ceux qui les respirent de trop près. »

Et aucune de ces fleurs ne se différencie des autres, pour un œil novice.

C'est donc à ceux qui ont de l'expérience, à prendre les jeunes gens par la main et à leur faire voir les tares qu'ils n'apercevraient pas tout seuls et les dangers que l'enthousiasme de la jeunesse leur fait toujours méconnaître.

L'amour est une loi commune, que chacun interprète différemment et observe à sa façon :

Pour les uns, l'amour est un sentiment de tendresse dont la douceur emprunte tout son charme à sa nuance attendrie.

Pour les autres, c'est une passion dont l'ardeur accroît encore la violence.

C'est quelquefois seulement la satisfaction d'un appétit grossier.

C'est encore un simple passe-temps auquel on n'attache pas de conséquences.

C'est aussi un désir, vite épuisé par la satisfaction.

C'est souvent un regret.

C'est parfois un remords.

On ne saurait trop le répéter aux jeunes gens : l'amour ennoblit ou abaisse suivant la personne qui l'inspire.

Dans la plupart des cas, il faut bien le dire, les très jeunes gens ne sont capables que de ces entraînements passagers qu'on appelle : fantaisies ; si les fantaisies se prolongent, elles prennent le nom de caprices et leur durée les fait qualifier d'amourettes.

C'est de cette catégorie d'amour que nous nous occuperons d'abord.

Ce serait un grand tort de considérer comme une chose de mince portée la fantaisie qu'un jeune homme peut convertir en liaison, même passagère.

Il résulte toujours de cet oubli de soi-même des complications, plus ou moins sérieuses, plus ou moins douloureuses pour lui, mais inévitables, quand même.

Les moins graves résolvent habituellement par quelques dettes, qui mettent le jeune homme dans un embarras, passager quelquefois, mais réel toujours.

En admettant même que cette femme n'ait pas d'exigences trop exagérées, les sorties multiples, les invitations que cette liaison comporte, forceront toujours le jeune homme à entrer dans la voie des dettes.

Il est peu de budgets d'étudiant qui permettent de se livrer à ces dépenses, sans entrer dans ce que les jeunes gens appellent « des combinaisons » et qui comprennent toutes sortes d'actions dégradantes, depuis le mensonge fait aux parents, jusqu'à l'emprunt aux camarades ou aux fournisseurs.

Faut-il ajouter aussi que le jeune homme qui s'est laissé entraîner dans une liaison semblable en vient rapidement à négliger son travail et ses études, au profit de la basse émotion qu'il en recueille ?

Ce qui peut arriver de plus heureux, c'est que la jeune femme, fatiguée de la médiocrité, se laisse séduire par un camarade plus riche.

Le jeune homme en souffrira d'abord, c'est certain, mais si son âme est noble, cette douleur ne durera guère, car n'étant plus soumis uniquement à l'empire des sens, il apercevra vite la bassesse de ce qu'il qualifiait du nom d'amour et qui n'était qu'une obéissance passive aux sollicitations malsaines de sa jeunesse.

Il bénira donc l'événement d'abord baptisé malheur, et saura se débarrasser de cette chaîne qui lui aura coûté tant de peines, pour ne lui offrir que la caricature du bonheur.

Mais il arrive aussi que des caractères faibles reculent devant une résolution virile, ou encore, qu'aveulis par les caresses trop répétées et le mirage du bonheur à deux, les jeunes gens n'ont pas la force de dire les mots qui amèneraient une séparation.

Et c'est alors l'affreux « collage » qui comporte tous les inconvénients du mariage sans en avoir aucun des agréments.

Dans cet intérieur troublé, les scènes succèdent aux disputes ; la femme, qui est consciente de son empire, devient exigeante, la pénurie d'argent la rend irrascible et la menace de quitter le jeune homme, pour un « type plus chic », met une amertume constante dans la vie commune.

Je ne parle pas du travail négligé et de la répercussion que tout ceci peut avoir dans l'avenir de celui qui a été assez faible pour se laisser ainsi prendre.

Il se peut, pourtant, que la femme ne soit pas complètement gâtée, que des aspirations de vie honnête la tenaillent et qu'elle accepte avec joie les privations inhérentes à la situation.

Elle est quelquefois réellement bonne, douce, ordonnée, une vraie ménagère enfin.

Et cela est terrible, car le jeune homme, pris à ce dangereux piège ne peut, sans un effort énorme, s'en dégager à temps. Puis sa passion lui fait admettre tous les sophismes en cours : « C'est une rédemption qu'il a accomplie, a-t-il le droit de rejeter cette femme purifiée dans la boue où il l'a prise ?

« Ne vaut-elle pas mieux que telle ou telle jeune fille qui n'ayant pas eu l'occasion de pécher ne peut être félicitée de sa sagesse ? »

Ces raisonnements, son désir et surtout sa haine des résolutions font le reste.

La femme s'installe dans son logis et dans sa vie et, quand même elle aurait été sincère dans son attachement et le resterait encore, il n'aura pas moins à souffrir d'avoir uni à son existence une créature qui n'est pas faite pour le comprendre, dont les idées, les goûts et les sentiments ne sont pas les siens et qui, la flambée de l'amour éteinte, ne montrera que les cendres de qualités négatives, toutes prêtes à devenir des vertus hargneuses.

En tout cas ses rêves d'avenir sont dissipés, car, soit

qu'il continue à vivre avec elle, soit qu'il l'épouse, l'extraction de celle-ci, trop connue de tous ses camarades, lui fermera les portes de ceux qui pourraient avoir une influence heureuse sur sa vie future, et, pour parvenir, il devra travailler double.

La fierté de beaucoup de jeunes gens consiste encore en une chose bien scabreuse pour eux : « la conquête d'une femme mariée ».

Parmi les tout jeunes, celui qui est « l'amant d'une honnête femme » jouit d'un prestige que tous désirent égaler.

Et, à l'envi, ils énumèrent les avantages ou ce qu'ils croient les avantages de ce succès :

D'abord, ça ne coûte rien.

Ça fait honneur parce qu'elle est élégante.

Enfin, elle n'est que rarement libre, si bien que l'amant conserve toute son indépendance.

Il n'est pas besoin de réfléchir longtemps pour apercevoir tout ce que ces dires ont de condamnable.

Nous n'insisterons pas sur la vilenie de l'adultère : le mensonge perpétuel, la tromperie envers celui qui parfois est un ami, enfin le partage honteux auquel il faut se résigner, tout cela est fait pour diminuer rapidement l'estime qu'un jeune homme doit avoir de lui-même.

S'il veut un instant oublier la passion méprisable, qui lui fait méconnaître les sentiments les plus élémentaires de la dignité vis-à-vis de soi-même, il s'apercevra du gouffre où il se laisse entraîner.

Même en faisant abstraction de ces sentiments, s'il veut examiner la chose du côté pratique que les amis, ceux qui font profession de cynisme, prônent avec tant d'ostentation, il s'apercevra de la fausseté de leurs arguments.

D'abord une femme mariée coûte très cher si on ne veut pas jouer un vilain rôle.

Si elle a vraiment quelques convenances à sauvegarder, elle n'ira pas visiter le jeune homme dans sa chambre, où elle risquerait de rencontrer des camarades.

En outre, la plupart des très jeunes gens habitent dans leur famille.

Il faut donc se mettre en quête d'un logis où se donneront les rendez-vous.

Or les hôtels, même très interlopes, coûtent assez cher et là se dresse une question délicate : Ou le jeune homme paie la chambre et cela grève terriblement un budget, généralement mince, ou la dame s'en charge et c'est pour lui une incorrection grave de l'accepter.

Il court ainsi au-devant de reproches d'une nature très spéciale qui se résolvent habituellement par une appellation qui n'est pas celle d'un quadrupède.

Mais là ne se bornent pas les dépenses. On goûte dans ces rendez-vous, puis la dame fait quelquefois la moue si on ne lui offre pas, au moins, des fleurs.

Et si, par hasard, il sort avec elle, le voilà lancé dans des dépenses tout de suite plus importantes.

Si elle est vraiment élégante, si elle a des habitudes de luxe, elle sera inconsciemment pour le pauvre petit un sujet de tracas perpétuel et de dettes sans cesse grossissantes.

Quant à la soi-disant liberté qu'elle lui laisse, c'est encore absolument fictif :

L'amant d'une femme mariée, au contraire, est l'homme le moins indépendant qu'on puisse voir, car il a à compter, non seulement avec les caprices de sa maîtresse, mais encore avec les fantaisies du mari.

Un voyage de ce dernier, s'il lui prend envie d'emmener sa femme, détruit maints beaux projets.

La résolution de rester quand il avait annoncé son départ vient encore tout bouleverser.

Un rhume du mari qui retient sa femme à la maison change parfois la physionomie d'une journée qu'on espérait depuis longtemps.

Enfin le jeune amoureux dépend complètement de l'humeur ou des faits et gestes d'un homme qu'il ne connaît quelquefois pas.

Dans le cas contraire, nous n'insisterons pas sur les dangers constants de surprise que courent les amants : une parole imprudente, un signe reflété dans une glace et le mari est mis sur la piste.

Je voudrais aussi dire combien, pour les âmes délicates, il est pénible de vivre dans l'intimité d'un homme et d'une femme qui paraissent s'appartenir exclusivement, alors qu'on sait bien que cette dernière joue à son mari une comédie qu'elle pourrait bien nous jouer en même temps.

Et combien il est dur pour ceux qui haïssent la duplicité de serrer la main de l'homme qu'ils trompent !

Quoi qu'il en soit et malgré les arguments dont ils se paient, ils en conçoivent toujours pour eux-mêmes un peu de mépris, qui, aggravé de tous les inconvénients dont nous parlons plus haut, ne contribue pas pour peu à gâter leurs joies douteuses.

Car l'amour n'en reste pas toujours à la période d'enthousiasme ; il connaît aussi les tristesses des choses qui finissent ; on s'aperçoit qu'on s'était trompé en disant : « Je t'aime ».

On croyait ressentir un sentiment durable, alors que seulement le démon de la Race se manifestait, avec la fougue qu'il déploie chez les êtres qui en sont au printemps de leur vie.

Ces amoureux novices sont aussi quelquefois la proie d'intrigantes qui, fatiguées d'une existence trop pleine d'aléa, jettent leur dévolu sur un bon petit jeune homme dont l'avenir leur paraît assuré.

Rien n'est épargné à celui qu'elles veulent prendre : ni les scènes de passion, ni les crises d'attendrissement, ni les protestations de désintéressement, ni… hélas ! trop souvent, un chantage moral, bien plus dangereux que l'autre, car il porte sur tout le reste de la vie.

Beaucoup de ces intrigantes ne craignent pas de faire apparaître l'enfant, pour hâter leur combinaison. De quel père est-il ? Cela n'a aucune importance, pourvu qu'il soit là et que le jeune homme puisse se l'attribuer.

Ceci est d'autant plus dangereux que les jeunes gens de cœur seulement sont visés. Cette intrigue ne peut s'adresser aux autres qui discuteraient la paternité ou, même en l'admettant, se soustrairaient aux devoirs qu'elle impose.

Il ne peut donc être question, dans cette aventure, que d'un jeune homme épris de droiture et esclave de ce qu'il croit être son devoir, c'est-à-dire un homme d'avenir, dont l'existence, forcément déviée et amoindrie, va se traîner dans les difficultés matérielles et morales que crée toujours l'état de précoce père de famille.

Mais il est un danger, permanent celui-là, d'autant plus à redouter pour les jeunes gens, qu'il est partout, au coin de chaque rue, dans le sourire de la guetteuse qui met à profit les premières émotions physiques des tout jeunes gens.

C'est le danger de la crise sensuelle qui les jette sans réfléchir aux bras de la première professionnelle venue, au risque d'y trouver les germes de ce mal terrible qui saisit en pleine volupté et croît sournoisement sans se laisser deviner, jusqu'au moment où la constatation de sa présence vient apporter à celui qui en souffre une douleur voisine du désespoir.

A ce sujet disons vite combien est regrettable la fausse pruderie et le préjugé désuet qui font au jeune homme un crime de cette maladie, qui constitue surtout un malheur.

Que de parents qui sourient en s'apercevant d'une aventure de leur fils, fondent sur lui en amers reproches si cette aventure a les suites désolantes dont nous parlons ici.

Pourquoi qualifier cette maladie de honteuse ?

C'est, dit-on, parce qu'elle s'attaque aux organes honteux.

Pourquoi honteux ? Et pourquoi ce mot flétrissant doit-il qualifier les organes qui se rapportent à cet acte de la génération, aussi noble que le geste du semeur ?

C'est parce que les jeunes gens savent cela qu'ils hésitent, dès les premiers symptômes du mal, à se confier au médecin de la famille ; ils consultent des camarades, usent des médicaments prônés à la quatrième page des journaux, enfin cachent leur accident le plus longtemps qu'il leur est possible de le faire, et ne se résolvent à l'avouer que lorsqu'ils ne peuvent le dissimuler plus longtemps.

Ce retard dans l'aveu est gros de douloureuses conséquences, car, le plus souvent, il est trop tard pour soigner efficacement la maladie, qui s'est installée au plus profond de l'organisme et y a jeté de trop sérieuses racines pour qu'il soit possible de l'extirper.

Et la vie d'un jeune homme, auparavant robuste et brillant de santé, devient celle d'un valétudinaire, avec la perspective des complications que, tôt ou tard, l'avarie apportera.

En attendant, il est la proie d'accidents renouvelés et, même guéri partiellement, il ne pourra jamais être ce que sont les autres ; le mariage lui est fermé, car il ferait acte de malhonnête homme en épousant une femme qu'il pourrait contaminer, et en s'exposant à procréer des enfants qui porteraient le germe de sa maladie.

Il nous reste maintenant à parler d'une catégorie de femmes toutes différentes de toutes celles que nous avons citées : les jeunes filles.

Lorsque nous employons ce mot, nous n'évoquons pas l'idée qu'on attache à certaine classe de femmes, qui répondent à cette désignation, simplement parce qu'elles n'ont pas été engagées dans les liens du mariage ; nous parlons des vraies jeunes filles, de celles qu'on épouse.

Avec celles-ci les jeunes gens doivent user d'infiniment de circonspection : la vraie jeune fille est un être qu'il ne faut troubler que dans d'honnêtes intentions.

Chercher à la séduire est l'œuvre de gens méprisables.

Il faut s'attacher à elle en qualité de camarade ou de fiancé, il n'y a pas de moyen terme. Qu'on ne l'oublie pas : avec les jeunes filles les galanteries sont toujours dangereuses ou inutiles.

Inutiles si elles vous accueillent en riant et sans vous prendre au sérieux ; dangereuses si elles écoutent la jolie chanson d'amour, car entre le moment où le solo devient un duo il n'y a qu'un pas.

Peu habituée aux jolis mots d'amour, la jeune fille se laisse volontiers bercer par le rythme ; elle ne sait pas qu'ils peuvent être menteurs et elle ouvre son cœur qu'elle donne sans retour à celui qui a su la charmer.

Quelquefois du duo il résulte un trio, et le jeune

homme se trouve dans l'alternative ou d'épouser ou de manquer à tous ses devoirs.

Nous ne parlons pas ici des jeunes filles coquettes qui ont élevé le flirt à la hauteur d'une institution, celles-ci savent se garder et sont si bien habituées aux galanteries de leurs divers soupirants qu'elles ne se troublent qu'à bon escient.

Un mot définit ces jeunes filles : les demi-vierges. Bien loin de courir un danger dans la société des jeunes gens, ce sont eux qui sont en péril auprès de ces intrigantes ou de ces vicieuses.

Mais à la jeune fille, la vraie, la douce jeune fille, aussi saine d'âme que de corps, à celle-là, ne demandez jamais ce que vous ne voudriez pas qu'on demandât à votre sœur.

Songez que, dans un avenir plus ou moins rapproché, elle peut devenir votre épouse, la mère de vos enfants, et qu'une défaillance, même passagère, jetterait un nuage sur votre futur bonheur.

Tant que durerait la lueur de la lune de miel, vous n'hésiteriez pas à considérer son abandon avant le mariage comme une preuve d'amour, mais dès que la lune rousse ferait son apparition, vous commenceriez à le lui reprocher, sinon ouvertement, au moins d'une façon tacite, et votre existence à tous deux en serait empoisonnée.

Il résulte de tout ce que nous venons de dire qu'on ne saurait trop déplorer le penchant des éducateurs à sourire de ce qu'on appelle : les erreurs de la jeunesse, ou les méfaits de l'amour.

L'amour n'existe pas dans ces liaisons passagères ; ce n'est pas de ce nom qu'il faut nommer des manifestations sentimentales qui ne sont que le résultat d'un état physique, qu'il faut savoir dompter.

Quant à ceux que l'effervescence de la jeunesse entraînerait vers ces liaisons dégradantes, il leur suffirait d'une volonté ferme et d'un peu de réflexion pour se reprendre avant la chute.

Pourquoi ne pas chercher à s'élever au-dessus de l'animalité en se dérobant à un acte qui n'est une nécessité que pour les créatures dénuées de raison que l'on a classées sous le titre générique de « bêtes » ?

N'y a-t-il pas une noblesse certaine à s'affranchir de ce qui n'est un besoin que pour les animaux ?

Jeunes gens qui, au sortir de l'adolescence, éprouvez ces troubles spéciaux qui ramènent devant vos yeux, avec persistance, l'idée de la femme et celle de l'amour, n'hésitez pas à vous plonger dans le travail qui, très vite, triomphera de ces aspirations que votre imagination poétise, mais qui, en réalité, ne sont que des appétits grossiers.

Donnez à votre corps cette fatigue salutaire qui vient des exercices réguliers.

Adonnez-vous aux sports sous leurs mille formes variées et lorsque viendra le soir, une lassitude saine clora vos paupières et vous laissera goûter un sommeil que ne viendra troubler aucun rêve douteux.

Ayez une préoccupation d'art qui vous délassera des heures du travail et efforcez-vous à conquérir dans cet art toute la perfection dont vous serez capable.

Puis, si vous rencontrez une jeune fille dont l'âme vous plaise autant que vous séduit sa forme physique, si, bien entendu, il n'existe pas entre vous d'insurmontables obstacles de famille ou de caste, choisissez-la et, si votre âge trop tendre vous empêche de songer encore au mariage, réglez votre vie dans l'attente de cet événement.

Cet amour vous sera un préservatif puissant contre

les tentations de la vingtième année, ce sera le but de vos efforts, l'étoile qui guidera votre marche vers le succès ; le sourire de votre fiancée éclairera votre travail et vous deviendrez plus fort et meilleur en songeant au moment où, ayant triomphé des soucis inhérents à tous les débuts, vous viendrez la prendre par la main, pour la conduire à travers la vie par des chemins que votre tendresse s'efforcera de faire unis et ensoleillés.

CHAPITRE IX

Les camarades.

Les tout jeunes gens qui n'ont pas ou encore de désillusions à subir se prennent volontiers d'amitiés soudaines et accordent leur sympathie à tous ceux qui, par intérêt ou pour tout autre motif, savent flatter leurs goûts et même leurs défauts.

C'est pourtant bien souvent du choix des camarades que dépend l'avenir d'un jeune homme.

Que de sottises ont été commises parce que leurs auteurs agissaient sous de mauvaises influences !

Avant tout, un jeune homme doit se garder des amis qui ne suivent pas la même voie que lui.

Parmi ceux-là, il faut compter :

Les camarades trop riches ;

Ceux qui sont trop pauvres ;

Ceux qui appartiennent, de par leur milieu et leurs fréquentations ordinaires, aux classes inférieures à la sienne ;

Les gens tarés ;

Les paresseux ;

Les débauchés.

Les camarades trop riches, c'est-à-dire ceux dont la situation est sensiblement supérieure, si charmants et si estimables qu'ils puissent être, sont toujours d'une fréquentation dangereuse.

Leur ami, en effet, se trouve enfermé dans cette alternative : ou suivre le même train qu'eux et contracter des dettes, ou les laisser faire tous les frais et adopter, par cela même, un rôle qui manque de dignité.

Il est bien difficile, pour un jeune homme élevé dans l'opulence, de se rendre compte des difficultés d'argent de ses camarades.

Des sommes qui lui semblent insignifiantes représentent quelquefois le prix d'un repas pour l'étudiant modeste, et si une mauvaise honte empêche celui-ci de le confesser, il se laissera entraîner à faire des dépenses qui gêneront son petit budget, au point de ne pas lui laisser de quoi attendre la fin du mois.

Alors se présente cet embarras pour lui : ou il acceptera un service de son ami riche, et cela le mettra en état d'infériorité vis-à-vis de lui, ou il devra s'adresser aux gens peu avouables qui exploitent les jeunes gens, et tombera dans des difficultés sans nombre.

Il commencera par emprunter, avec des intérêts formidables, une petite somme qu'il ne pourra pas rendre à l'échéance et qui ira se grossissant toujours, jusqu'au moment où, par petits acomptes, il l'aura déjà remboursée, sans être parvenu à la diminuer ou à l'éteindre, car les mensualités viendront sans cesse faire la boule de neige.

Il entrera alors dans la phase des ennuis plus graves : pour arrêter les poursuites, il vendra ce qui lui vient sous la main, ses livres, si c'est un étudiant, les habits qui ne lui sont pas indispensables, et toujours ce fantôme de la dette et des soucis qu'elle lui cause viendra jeter son ombre sur toutes ses joies, et, qui pis est, sur son travail.

Nous ne voulons pas envisager le cas où, dans un moment d'affolement, il se trouverait conduit à commettre une indélicatesse, quoique ce soit, hélas! la conclusion de beaucoup d'histoires semblables.

Il peut arriver aussi que le jeune homme ne trouve pas de prêteur étranger et qu'il s'adresse à des parents ou à des amis.

Ses ennuis, alors, ne se trouveraient guère amoindris, car les réclamations des uns et les sermons des autres lui feraient une existence peu enviable.

Mais ce qui arrive le plus fréquemment, c'est que l'ami pauvre accepte des services d'argent de son camarade plus fortuné, et c'est pour lui le commencement d'une sorte de déchéance.

Sans méchanceté, sans préméditation, celui qui détient l'agent en vient alors à concevoir un sentiment de protection d'abord, de condescendance ensuite, et bientôt de mépris pour celui que, pendant le temps de la vive amitié, il regardera comme une sorte d'inférieur, et qu'au premier froissement il n'hésitera pas à qualifier de « tapeur ».

« Tapeur! » ce mot d'argot qui stigmatise les gens coutumiers de l'emprunt est une étiquette qu'il ne faut jamais laisser épingler sur sa réputation, car on fuit les « tapeurs » à l'égal d'un fléau, et celui qu'on désignera ainsi sera bien certain de voir rapidement le vide se former autour de lui.

Tout au moins, il aura à déplorer la désertion de ceux qui craignent d'être « tapés », c'est-à-dire ceux qui ont une surface.

Les autres, ceux qui, ne possédant rien, sont à l'abri de ce danger, lui resteront seulement.

Mais c'est rarement une société bien enviable, car ils font généralement partie eux-mêmes des déclassés ou des paresseux.

Arrivé à ce point de servitude, le jeune homme est en

grand danger, car sa situation dépendante, vis-à-vis de son ami, ne lui permet pas de conserver sa liberté ; son droit au travail, même, lui est souvent contesté par l'ami riche qui n'est pas forcé de savoir le prix des heures.

Il ne se gêne pas, du reste, pour faire sentir au jeune homme pauvre qu'il est à sa disposition puisqu'il paie pour cela ; il en fait bientôt sa chose, le traîne après lui dans tous les lieux de dissipation et lui fait perdre l'habitude du travail.

S'il n'a pas assez de caractère pour lutter contre cette influence, le jeune ami d'un garçon riche finit par devenir le jouet de ce dernier et le pantin de sa bande.

Il n'a pas le droit d'être triste quand les autres sont gais, ou font semblant de l'être ; il doit être le flatteur de la maîtresse de son ami, quand il n'en devient pas le bouffon ; il doit abdiquer complètement sa personnalité pour adopter celle qui plaît à son ami.

Il doit encore bien se garder de faire montre de supériorité, car il tomberait immédiatement en disgrâce.

Bien entendu, dans ce tableau, — qui, pour la plupart, est une photographie, — nous n'avons voulu parler que du riche oisif.

Le jeune homme assidu au travail est toujours bon à fréquenter, car ses préoccupations sont d'une trop haute portée pour que sa fortune soit un danger et ses relations peuvent être utiles à un ami plus modeste, dont les talents seraient appréciés par son entourage.

Pour des raisons très proches de celles que nous venons de développer, il est encore mauvais de choisir ses amis parmi ceux qui sont trop pauvres.

Nous ne voulons certes pas prétendre qu'il faut mépriser la pauvreté, mais elle met souvent une gêne entre deux amis.

Celui qui est le plus fortuné n'osera pas, s'il est doué

de générosité, laisser paraître les avantages de sa situation ; s'il le fait naïvement, il peut, sans le vouloir, créer un mouvement d'envie qui viendrait gâter leur amitié, aussi bien du côté de celui qui le ressent que de la part de celui qui l'a fait naître et se désole de constater cette tare chez celui qu'il voudrait exclusivement estimer.

Cela suffirait déjà à altérer les rapports d'amitié qui pourraient exister entre eux, mais, malheureusement, cela ne s'arrête pas toujours là.

Celui dont la médiocrité se trouve froissée, cherche à regagner des avantages et il se sert trop souvent des armes ordinaires de la médisance.

Il décrie le talent de celui qui l'a humilié involontairement, lui dénie toute sorte de mérite ou dénature quelques-uns de ses actes, de façon à le montrer sous de fâcheuses couleurs.

Ou celui qui est attaqué riposte et, aurait-il mille fois raison, on n'en dira pas moins autour d'eux : « Ils se sont querellés », sans plus, ou il dédaignera la médisance.

Alors celle-ci ne tardera pas à se muer en calomnie, dont l'amitié passée des deux jeunes gens garantira la vraisemblance, car les malveillants — et il en existe toujours — ne manqueront pas, en colportant ces racontars, d'ajouter : « Je le tiens de son ami intime. »

Mais nous ne voulons pas nous étendre sur ce pénible sujet et nous admettrons, pour un moment, que les deux jeunes gens soient possesseurs d'une belle âme.

Ils n'en souffriront que davantage de la disproportion de leurs situations, à moins que l'un d'eux n'adopte carrément le rôle de protecteur. Et nous venons de voir les désavantages et les dangers de cet ordre de choses.

Le mieux est donc de chercher à assortir le côté matériel, comme on appareillera le côté moral et, en tout état de choses, chercher plutôt à fréquenter des gens supérieurs par l'intelligence ou le renom.

Si l'on supprime entre les jeunes gens ces causes de désunion, il en reste bien d'autres, créées par l'émulation exagérée, le dépit d'un succès attribué à l'ami lorsqu'on l'avait escompté pour soi-même et les mille petites raisons, au nombre desquelles celle de l'amour n'est pas la moindre.

Ils sont rares les jeunes gens qui respectent la conquête de leur ami au point de ne pas lui causer de jalousie, et il faut avouer aussi que les petites amies des très jeunes gens sont, de leur côté, rarement bien sérieuses.

Les femmes qui attachent une idée d'avenir à une liaison choisissent généralement des garçons qui ont dépassé la vingtième année et satisfait aux exigences que le service militaire impose.

Celles qui cultivent les tout jeunes gens sont, à très peu d'exceptions près, des femmes qui ne voient dans leur caprice qu'une occasion de s'amuser sans s'embarrasser des questions sentimentales.

Aussi sont-elles d'une approche tellement facile et d'un laisser-aller si grand qu'il est difficile à un novice de ne pas prendre ombrage de la familiarité de leurs amis envers elles.

Il est une autre sorte de camarades que les jeunes gens, désireux de faire leur chemin, doivent avant tout éviter, ce sont les paresseux.

De ce nombre sont souvent les riches dont nous venons de parler.

N'ayant pas besoin de préparer leur avenir, ils ont tellement de loisirs qu'ils cherchent des camarades pour les peupler et, dès qu'ils en ont trouvé un dont la fréquentation leur plaît, ils cherchent égoïstement à l'accaparer.

Le plus souvent ils n'y voient aucun mal, et c'est sans arrière-pensée qu'ils le détournent de son travail pour lui faire partager leurs plaisirs; ils s'imaginent même naïvement se montrer bon camarade en agissant ainsi.

Quelquefois encore, la supériorité de leur ami leur porte ombrage, et ils ne sont pas fâchés de modérer un peu le zèle laborieux qui lui vaut des éloges auxquels ils ne pourront jamais prétendre.

Il faut encore comprendre, parmi la catégorie des paresseux dangereux, les envieux qui, conscients de leur impuissance, s'imaginent la dissimuler en évitant le parallèle avec les travailleurs dont le mérite est prôné.

Plutôt que de chercher à s'élever à leur niveau, ils s'efforcent de rétablir la distance en privant leurs camarades des succès qu'un labeur acharné ne manquerait pas de leur attirer.

Il y a, enfin, les débauchés, qui prêchent la paresse par pur amour du farniente.

Ceux-là ne sont pas moins à redouter pour le jeune homme qui désire arriver, car ils sont presque toujours très bons garçons et leurs arguments sont séduisants.

Ils ne se contentent pas de s'adonner aux plaisirs vils et à l'orgie, mais ne sont heureux que lorsqu'ils ont réussi à entraîner un camarade avec eux.

On remarquera que c'est toujours au travailleur qu'il s'adressent de préférence, comme s'ils éprouvaient une joie maligne à répandre autour d'eux la contagion de leurs vices.

Ils éprouvent un plaisir maladif à plonger dans le mal ceux de leurs camarades qui l'ignorent ou l'évitent.

Rien ne leur semble trop pénible pour arriver à un tel but; ils n'épargnent ni les discours ni les sophismes et quand ils se trouvent en face d'une résistance sérieuse, n'hésitent pas à employer les moyens les moins avouables pour en venir à leurs fins.

Il en est qui ne craignent pas, sous le prétexte d'une invitation amicale, d'abuser de l'inexpérience de leur ami jusqu'à le griser, afin de l'emmener dans les mauvais lieux.

Beaucoup de jeunes gens n'auraient jamais franchi le seuil d'une maison de débauche, s'ils n'y avaient été entraînés, dans ces conditions, par un camarade.

Malheureusement ce plaisir malsain se farde de menteuses couleurs et celui qui l'a goûté éprouve trop souvent le désir de le retrouver.

Lorsqu'il s'aperçoit de la lèpre qui se cache sous le fard et sous les fleurs artificielles, il est trop tard, le mal — physique ou moral — a jeté en lui ses racines; la veulerie le retient dans son étreinte tenace; le travail, qu'il aimait tant, lui semble amer et il n'a même plus la consolation de trouver du charme aux plaisirs honteux dont il s'est délecté.

Il voudrait en vain revenir au temps où son labeur seul et les saines distractions faisaient sa joie, mais la débauche, en le marquant de son sceau, lui a fait une âme trop débile pour qu'il lui soit possible de livrer bataille aux instincts mauvais qui grondent en lui.

Puis il gît, dans chaque âme très jeune, une crainte des railleries qui dispose souvent à bien des folies.

Cette forme de la vanité est infiniment plus commune qu'on ne pourrait le croire, et bien des garçons d'avenir se sont laissé entraîner, par la seule raison que les camarades se moquaient de leur assiduité.

Il faut dire que ceux-là ont souvent une façon violente et méprisable de parler des travailleurs; ils emploient pour les convaincre tous les sophismes qu'on connaît ; ils cherchent à les persuader de la duperie du labeur et des charmes de l'oisiveté.

S'ils s'adressent à des âmes faibles, ils ont grandes chances de les convertir ou, tout au moins, de les ébranler dans leur foi.

« Ils ont presque toujours, dit Payot(1), l'ensemble des qualités qui en imposent aux volontés faibles et ils donnent le ton à tous ceux qui les approchent.

« Cette autorité s'accroît de la force que donnent les prosélytes, déjà convertis, qui acceptent aveuglément comme la vie par excellence, la vie la plus fatigante, la plus vide, la plus sotte qu'il soit possible d'imaginer. Ils ruinent leur santé, leur intelligence pour complaire à celui qu'ils admirent jusqu'à l'imiter servilement. »

C'est là, malheureusement, l'aventure de beaucoup de jeunes gens qui ne sont pas suffisamment imbus des vérités pratiques qu'on ne saurait suffisamment leur enseigner, et qui, pour des plaisirs douteux, dont ils se rassasient très vite, sacrifient légèrement la sécurité et la solidité de l'avenir.

Nous voudrions éviter de parler d'un des grands inconvénients de certaine camaraderie, mais dans ce livre, destiné aux jeunes gens, il est impossible de ne pas les mettre en garde contre des intimités qui affectent d'abord les dehors de l'amitié, pour prendre la tournure douteuse des tendresses spéciales.

C'est d'abord un sentiment un peu vif, dont l'explication se trouve dans une sympathie commune et une grande conformité de goûts; puis vient la période de l'admiration qui, après avoir été simplement morale, s'étend aux grâces du physique.

(1) *Éducation de la Volonté.*

Un jeune homme devra fuir l'ami qui l'accable de compliments sur sa figure ou sa tournure.

Il devra se méfier aussi des frôlements, des serrements de main trop prolongés.

Il évitera de répondre à des lettres qui pourraient donner prise à l'équivoque, ou, s'il le fait, ce sera de façon à faire comprendre à l'auteur qu'il n'est pas disposé à le suivre sur un terrain dangereux.

Pour l'avenir, il sera bon qu'il cherche à dénouer ces liens d'amitié trop ardente et que son attitude indique, aussi bien à l'ami trop empressé qu'aux étrangers, le mépris qu'il a pour ces sortes de manifestations.

S'il se sentait pris, lui aussi, d'une sympathie trop marquée pour cet ami, si sa présence déterminait en lui un trouble quelconque, il lui faudrait, sous le premier prétexte venu, s'éloigner de lui au plus vite, car, dans l'ardeur de la première jeunesse, les émotions physiques suivent de près les griseries de l'imagination, les sens parlent leur impérieux langage et le diable fait le reste.

Vous voici avertis maintenant, jeunes gens! Fuyez ceux qui vous admirent trop, ceux qui prennent plaisir à vous entretenir de choses scabreuses ou à vous montrer des gravures érotiques.

Ne vous laissez pas bercer par ces fausses réminiscences de l'antiquité, dont certains garçons vicieux aiment à colorer leurs tentatives.

Fermez ces livres où les disciples et les admirateurs de Socrate exaltent ses vices au lieu de célébrer ses vertus.

Et si, malgré tout cela, le mauvais charme agit encore sur vous, n'hésitez pas ; donnez à vos pensées un autre cours ; recherchez le sourire d'une jeune fille qui pourra un jour porter votre nom et devenir votre compagne, dans la communion d'un amour robuste et sain, celui-là.

CHAPITRE X

Les dangers de la solitude.

« Il n'est pas bon que l'homme soit seul », dit l'Écriture.

Cette parole profonde s'adresse surtout aux très jeunes gens que guettent maints pièges de la vie, pièges d'autant plus dangereux que l'habitude de la solitude leur enlève tous moyens de contrôle sur la qualité de leurs sentiments.

La solitude engendre habituellement deux défauts : l'égoïsme et la timidité.

L'égoïsme du solitaire se conçoit facilement. Habitué à ne songer qu'à lui, il fait aux autres une si petite part dans sa vie que les seuls événements qui le touchent lui semblent dignes d'intérêt.

Le plus petit malaise l'inquiète au point qu'on dirait que sa santé est un objet de préoccupation mondiale.

Si les malheurs des autres paraissent toujours légers aux égoïstes, leur plus mince ennui, en revanche, prend les proportions d'une calamité publique.

Ils comparent volontiers les choses les plus tragiques, quant à ce qui regarde le prochain, avec les incidents les plus mesquins de leur vie, et c'est à ces derniers qu'ils donnent une véritable importance.

Aussi n'ont-ils que peu de chose à faire pour aggraver leur solitude, car ils excitent peu de sympathie et les camarades s'éloignent très vite de celui qui ne s'intéresse qu'à lui.

La timidité résulte presque toujours de la solitude habituelle, car le manque de contact rend les relations amicales guindées ; le solitaire se fait toujours un peu distant, et le défaut d'échange d'idées développe en lui une sauvagerie qui le rend intransigeant et mal préparé pour subir les luttes oratoires.

Aussi, lors des discussions, il se replie sur lui-même et conçoit pour ceux qui y prennent part un sentiment de jalousie fait du dépit de son impuissance.

Et comme, dans ses réflexions solitaires, le manque de contrôle détermine chez lui une déformation lente, mais inévitable, du jugement, il constate toujours entre lui et ses camarades une discordance d'idées qui les lui fait plus lointains encore.

Au lieu de combattre ce sentiment, d'entrer dans la lice et de défendre ses convictions, ou plutôt celles qu'il croit avoir, — il préfère se draper dans une dignité ridicule et prendre l'attitude de l'incompris, qui ne daigne pas s'abaisser jusqu'à descendre des hauteurs morales où il se complaît.

Et il se replonge de nouveau dans la solitude que viennent troubler des rêveries d'autant plus dangereuses que, n'ayant personne autour de lui à qui il les confie, elles prennent pour lui l'apparence de réalités, auxquelles son cerveau donne une vie factice.

La solitude et l'habitude de la rêverie engendrent encore un autre danger, contre lequel on ne saurait assez prémunir les jeunes gens.

Ce danger, développé encore par la timidité qui ne permet pas de chercher de dérivatifs naturels, est celui des habitudes vicieuses, dans lesquelles versent nombre de jeunes gens qui se laissent aller au courant de ce qu'ils appellent volontiers méditations.

Les travailleurs, ceux qu'une besogne impérieuse jette hors du lit aussitôt le réveil, ne connaissent pas le charme pernicieux de l'assoupissement tardif; cet état qui succède au sommeil véritable est le complice le plus fréquent de ce que les physiologues flétrissent sous le nom de « vice solitaire ».

« Le sommeil prolongé, dit Payot (1), est une cause certaine de sensualité exaspérée; nous disons cause certaine, car, dans l'assoupissement du matin qui succède au sommeil, la volonté est comme fondue : la bête règne sans opposition. L'esprit lui-même est somnolent, et s'il semble à beaucoup de gens que le travail de ces heures tièdes est excellent, c'est qu'ils se font illusion. »

Et il ajoute :

« ... C'est l'animal lâché avec tous ses instincts, ses désirs; et son penchant naturel, le terme de sa course, c'est le plaisir sensuel.

« De sorte qu'on peut poser comme une règle sans exception, qu'un jeune homme qui demeure au lit une ou plusieurs heures après le réveil est *fatalement vicieux.* »

Les jeunes gens doivent donc se garder de ces rêveries vagues, où l'âme n'est plus maîtresse du corps ; dans l'état de presque irresponsabilité où ils se trouvent, l'appel de leurs sens devient plus impérieux, inconsciemment ils n'évitent pas certains attouchements auxquels ils prennent plaisir; s'ils s'y laissent aller complètement, ils s'exposent aux plus graves désordres moraux et physiques.

La recherche de la sensation devient bientôt une

---

(1) *Éducation de la Volonté.*

obsession maladive, et comme il n'y a personne à solliciter que soi-même, les occasions se multiplient jusqu'à l'épuisement, ou pis encore, car cette sensation, trop souvent transmise au cerveau, est toujours cause d'un détraquement qui, suivant la fréquence de l'acte, vient à plus longue ou plus brève échéance.

Celui qui s'adonne à cette habitude déprimante est aussi une proie toute désignée pour les maladies de langueur et, mieux qu'un autre, disposé aux maladies de poitrine.

L'énergie, qui manque toujours à ceux qui se livrent à ce vice, finit bientôt par leur faire défaut au point qu'ils ne trouvent plus en eux la force de résister aux sollicitations, toujours plus répétées, de leurs sens et en viennent à fuir toute société, recherchant seulement la solitude qui leur permet de retomber plus fréquemment dans leur habitude dégradante.

Peu à peu, la plus belle intelligence s'obscurcit à ce terrible jeu ; les sensations trop répétées s'émoussent et l'idée fixe de les faire naître s'installe dans le cerveau affaibli, à tel point que le sommeil même n'est plus réparateur.

Des songes érotiques, provoqués par des caresses, devenues si habituelles qu'elles se produisent presque machinalement, plongent le jeune homme dans un état constant de demi-surexcitation qui s'accroît dans les fréquents réveils, pour ne s'apaiser que momentanément, après une nouvelle chute.

Voyez-les passer, ces jeunes gens au front déprimé, à la lèvre pendante.

Leurs épaules voûtées, leur poitrine creuse, leur démarche lasse les désigneraient déjà comme des proies certaines à la maladie physique, si leur extérieur tout entier, leurs regards fuyants, leur parole hésitante n'en faisaient aussi des candidats à la déchéance morale définitive.

La plupart de ceux qui se laissent prendre à ce piège de la solitude, finissent phtisiques à moins que leur lamentable existence ne s'éteigne dans un cabanon d'aliénés.

Cependant, pour ceux qui n'ont pas encore perdu toute dignité, il est un moyen certain de se reconquérir : c'est de fuir la solitude, mauvaise conseillère, de se mêler à leurs camarades, de se créer des relations nouvelles, de fréquenter les cours du soir, les conférences d'après-dîner, d'accepter toutes les invitations de famille qu'ils pourront recevoir, en un mot de se fuir eux-mêmes, le plus qu'ils peuvent.

Il leur faut aussi s'adonner à un travail, en dehors de leurs occupations habituelles.

Que ce travail soit manuel ou intellectuel, il devra s'effectuer en public, soit dans les bibliothèques, soit dans un atelier au milieu de camarades, et la tâche fixée devra toujours être suffisante pour provoquer une bienfaisante fatigue.

L'exercice, la pratique raisonnée des sports sont autant de dérivatifs, car la lassitude corporelle est mauvaise complice des dangereuses rêveries.

Si un jeune homme se couche, fatigué d'un exercice violent, il s'endort d'un sommeil sans rêves, et si, dès le réveil, il saute hors du lit et procède à ses ablutions en s'efforçant de tracer le programme de sa journée, les préoccupations viendront bientôt prendre la place des pernicieuses songeries et, la volonté aidant, il oubliera les pratiques déprimantes, dont il ne se souviendra plus tard qu'avec honte et dégoût.

Une raison toute différente, mais non moins importante, de ne pas rechercher la solitude, est dans le besoin de protection qu'ont les jeunes gens au début de leur carrière.

Sans pousser trop loin le préjugé de ce qu'on appelle : « le piston », il est indispensable à celui qui entre dans la vie militante de profiter de l'expérience de ceux qui l'ont précédé.

Or comment connaîtront-ils les fruits de cette expérience, s'ils fuient les occasions de sortir de leur solitude ?

Et le moyen de se faire protéger lorsqu'on est inconnu ?

Le mérite, dit-on, doit seul être en cause, dès qu'il s'agit d'obtenir de l'avancement ou d'arriver à une situation.

D'accord, mais faut-il au moins qu'on se doute qu'il existe pour l'installer à la place qui lui est due.

Or comment peut-on savoir que, dans une chambre solitaire, est un jeune homme paré de toutes les qualités, si ce jeune homme évite de faire connaître son existence ?

Il faut donc, à part les heures du travail, donner tous les jours de son temps à la société dans laquelle on veut vivre et se faire une place, la plus large possible.

En évitant le travers des intrigants qui fatiguent les gens en renom de leurs sollicitations, il faut savoir *se faire voir là où l'on doit être vu*, se faire présenter aux maîtres qui peuvent être utiles; ne pas négliger une occasion de faire montre de ses connaissances.

Il est bon encore de s'exercer à prendre souvent la parole pour défendre sa méthode ou ses convictions ; de là naît une émulation salutaire et l'esprit, sollicité par la controverse et l'ardeur de la lutte, s'ouvre plus facilement à des aperçus nouveaux.

En un mot, le jeune homme doit fuir la solitude que ne viennent pas peupler ses travaux ; c'est une mauvaise conseillère qu'il ne faut pas laisser parler trop haut, car les termes de ses discours sont trop souvent synonymes d'oisiveté et de sensualité basse.

CHAPITRE XI

Les voyages. Le goût de la nature.
Le choix des vacances.

Il est très difficile de mener de front un travail assidu et un effort physique sérieux; aussi la plupart des jeunes gens ont-ils grand besoin de se retremper tous les ans pendant quelques semaines dans l'atmosphère reposante de la campagne.

Pour quelques-uns, ce séjour peut s'étendre jusqu'aux proportions d'un voyage et beaucoup de jeunes gens en sont privés par leur propre faute.

En effet, s'ils prenaient soin de mettre de côté tous les jours une légère somme, ils arriveraient à la fin de l'année avec un petit pécule qui, ajouté à l'argent dont ils peuvent disposer, leur permettrait de réaliser ce rêve de presque tous les jeunes gens : voir des pays nouveaux.

C'est un tort de croire que ce privilège est réservé aux heureux de ce monde. Il est à la portée de tous; il s'agit simplement de savoir s'organiser de façon à ce que le voyage soit proportionné à l'état de la bourse et qu'on ne soit pas arrêté en route par la pénurie d'argent.

Afin que cette crainte ne gâte pas le déplacement, il est bien simple de tout régler de façon à ce que les frais ne soient pas supérieurs à la somme dont on dispose et voici comment il faut s'y prendre :

Après avoir choisi le but de son voyage, diviser son

argent à raison de tant par jour, réserver une petite place à l'imprévu et calculer son absence sur le nombre de jours que la division nous indique.

Ensuite, suivant le chiffre de la dépense journalière, organiser son état de frais.

Il en est qui peuvent être infiniment diminués et de la façon la plus profitable pour la santé, ce sont les frais de transport.

Le sport du tourisme a développé le goût de la marche chez beaucoup de jeunes gens et nombre d'excursions peuvent être faites sans l'aide d'un véhicule quelconque.

Les dépenses se trouveront réduites d'autant et l'intérêt sera incomparablement plus vif.

De plus le piéton a l'avantage de pouvoir s'arrêter où bon lui semble.

Si un site l'enchante, il peut suspendre sa marche pour l'admirer ou le reproduire.

Il est en rapport direct avec les choses qu'il a le loisir d'apprécier autrement que dans un tourbillon et pourra, s'il est observateur, étudier en même temps les curiosités d'un pays, le type de ses habitants et rapporter de ces observations des notes qui auront, à défaut d'autre mérite, celui de consacrer une jolie réminiscence.

On objectera peut-être que tout le monde n'aime pas la marche : c'est un tort et un tout jeune homme qui ne peut invoquer comme prétexte ni l'obésité, ni la lassitude, ni tous les inconvénients qui incombent parfois à l'âge mûr, n'a aucune raison de ne pas chercher à s'entraîner, d'une façon raisonnable, afin de pouvoir profiter pleinement des avantages que lui procurera ce sport.

L'organisation d'un déplacement, pour un jeune

homme dont les ressources sont limitées, consiste donc dans ces différents points :

Étude et choix du voyage ;

Organisation, orientation, direction ;

Équipement.

Pour le choix du voyage, nous avons déjà dit qu'il se limitait aux ressources du voyageur, mais si celui-ci se résoud à faire la route en touriste véritable, ses frais s'en trouveront tellement diminués qu'il pourra l'étendre autant que le temps dont il dispose le lui permettra.

Il s'agira donc de fixer l'itinéraire.

Pour cela l'achat de quelques cartes, qui serviront toujours, est indiqué.

Il est bien rare qu'on n'ait aucune préférence et presque toujours, au contraire, on se sent attiré vers un endroit précis.

Ce qu'il faut éviter c'est l'hésitation qui ferait interrompre un itinéraire pour en reprendre un autre, qu'on abandonnerait encore ; si bien que le temps des vacances se passerait en marches fatigantes et peu intéressantes.

On doit longuement préparer son voyage ; c'est, du reste une joie d'y penser bien des mois à l'avance ; il faut peser les avantages et les inconvénients des villégiatures ou des séjours qu'on projette ; mais une fois que la direction est arrêtée, on ne doit plus y revenir et il faut la suivre jusqu'au bout.

Si l'on s'était arrêté au mode de locomotion que nous recommandons, il serait peut-être bon, pour les jeunes gens qui ne sont pas très familiarisés avec la marche, de s'y préparer par un peu d'entraînement.

Par le mot s'entraîner, il ne faudrait pas comprendre : marches forcées ; non, l'entraînement se fait peu à peu ; on fait d'abord quelques kilomètres le dimanche, puis on augmente le suivant, en observant bien toutes les règles de la marche ; le pas bien rythmé, les épaules effacées, la poitrine bien en dehors.

Tout en marchant, on observe ce qui nous cause une fatigue, de façon à y remédier avant d'entreprendre le grand tour.

On se renseigne aussi des choses qu'on pourrait avoir le besoin de connaître : par exemple, des remèdes à employer contre les ampoules, ce qu'il faut faire dans les cas d'insolation, etc., etc...

Si le jeune homme, libre de choisir son itinéraire, était assez fortuné pour se permettre une dépense supplémentaire, nous ne saurions trop lui conseiller de choisir un pays étranger pour son excursion.

Il irait en chemin de fer jusqu'à la frontière et là endosserait le sac du touriste.

S'il s'arrêtait à ce dernier parti, il devrait choisir un pays dont il comprend déjà un peu la langue, afin de profiter de son voyage pour se perfectionner.

S'il ignorait les langues étrangères, il lui faudrait, après avoir fait son choix, apprendre les premiers éléments de celle du pays qu'il va visiter.

Il y gagnera de se faire plus rapidement comprendre, en ce qui regarde les choses d'usage courant, tout au moins ; ensuite, sachant les premiers mots indispensables, il lui sera plus facile d'apprendre les autres.

S'il est studieux, il emploiera ses heures de loisir à cette étude et, quand il reviendra chez lui, il sera très préparé pour suivre avec fruit des cours qui le perfectionneront.

Avec un ou deux voyages encore, il arrivera à parler couramment et il aura acquis une connaissance qui lui sera très utile dans la vie, tout en se livrant à un des plaisirs les plus réels qu'on puisse imaginer, celui d'admirer de beaux sites et d'orner sa mémoire de jolis souvenirs qui, plus tard, viendront atténuer la mélancolie des heures.

Il sera bon qu'il note chaque jour ses impressions en quelques mots rapides.

De retour chez lui, il mettra de l'ordre dans ses notes, les complétera et ce sera, pour lui et les siens, un joli passe-temps qui lui rappellera les événements, les aventures et les beautés d'un voyage qu'il refera ainsi par la pensée, tout en songeant à l'itinéraire de celui qui doit agrémenter les prochains loisirs.

CHAPITRE XII

Les distractions.
Lecture. Théâtres. Art. Sports. Le bal.

« Un jour, dit Michelet (1), en 1814, dans le malheur accompli, dans les privations du présent, la crainte de l'avenir, l'ennemi étant à deux pas, et mes ennemis à moi se moquant de moi tous les jours, un jour, un jeudi matin, je me ramassai sur moi-même : sans feu (la neige couvrant tout), ne sachant pas trop si le p in viendrait le soir, tout semblant finir pour moi, — j'eus en moi un pur sentiment stoïcien — je frappais de ma main crevée par le froid sur ma table de chêne, et je sentis une joie virile de jeunesse et d'avenir.

« Qui me donna ce mâle élan ? Ceux avec lesquels je vivais chaque jour, mes auteurs favoris. J'étais chaque jour attiré davantage vers cette grande société. »

Il est incontestable que le choix des lectures a une influence considérable sur les penchants des jeunes gens, nous dirons presque sur leur vie.

A l'âge où l'on se passionne facilement pour tout acte sortant du cadre ordinaire des choses, il est donc essentiel que l'admiration ne s'égare pas sur de faux héros, comme la littérature moderne n'en présente que trop.

Les faits et gestes d'un homme de grande valeur qui met tous ses soins à rouler des policiers, le récit d'ac-

(1) *Ma Jeunesse.*

tions blâmables en elles-mêmes, mais auréolées par la façon dont elles sont racontées au lecteur, sont autant de livres qu'il faudrait bannir de la bibliothèque des jeunes gens.

Non pas qu'il faille les engager à ne se repaître que des livres prétendus moraux, dont le style est quelquefois d'une banalité que n'atténue pas l'action, tendant toujours à prouver, par des raisonnements enfantins et des exemples aussi naïfs qu'irréels, la toute-puissance de la vertu, pratiquée d'une façon invraisemblable et dénuée de tout intérêt.

Ces livres présentent le gros inconvénient de fausser l'imagination des jeunes gens, en leur faisant voir le monde « tel qu'il n'est pas ».

Les vertus immarcescibles, pas plus que les noirceurs continuelles, ne sont nullement les uniques attributions des individus.

Les gens sont meilleurs ou moins bons, mais toujours soumis à un sentiment qui domine tout, l'intérêt particulier : intérêt d'argent, de gloire, d'ambition, de science, de sentiment, mais intérêt toujours.

L'abnégation complète n'existe pas dans ce monde, pas même au fond des cloîtres, où toutes les vertus ne sont pratiquées qu'en vue d'une récompense dans l'au-delà.

Donc les livres dits moraux, qui nous montrent des gens parfaits, ou devenus parfaits à la suite d'une conversion, laïque ou religieuse, sont, pour les jeunes gens, de mauvais professeurs, car, s'ils les écoutent, ils entreront dans la vie avec l'idée que tout le monde est bon, ils se fieront à tous les sourires, s'abandonneront à tous ceux qui ont intérêt à les confesser et deviendront très vite des dupes.

Dans notre siècle où l'énergie et l'ambition sont à

l'ordre du jour, il est bon, pour les jeunes gens, de s'imprégner des faits et gestes de ceux qui ont acquis une renommée, car ceux-là ont toujours possédé, à des degrés plus ou moins hauts, une des qualités qu'ils doivent chercher à acquérir.

Mais il serait mauvais pour eux de se cantonner dans ces lectures qui ne sauraient, tout en trempant leurs âmes, les mettre en garde contre les pièges de la vie moderne.

Ils doivent donc rechercher alternativement la lecture des classiques et celle de nos célèbres auteurs modernes.

Une excellente façon de profiter des lectures est de les faire tout haut, en commun.

Chacun des assistants prend le livre à son tour, d'abord pour éviter la fatigue, ensuite pour empêcher la monotonie, qui résulte d'une attention qui n'est pas renouvelée.

Puis, lorsque les faits racontés ont frappé à la fois tous les esprits, il est infiniment plus facile d'en discuter ensuite.

Cette discussion a toujours d'heureux effets, car la lecture fournit des matériaux nouveaux à la pensée et suggère des idées, qui, sans elle ne seraient jamais écloses.

Enfin, tout ce qui se dit à propos de ce qu'on vient de lire, empêche d'oublier le sujet du récit ; la mémoire se meuble ainsi beaucoup plus facilement que par une lecture solitaire, de laquelle l'attention se trouve quelquefois détournée par les pensées qui nous sollicitent.

C'est encore une excellente occasion pour les jeunes gens d'exercer leurs talents oratoires et leurs facultés d'observation, qui se trouvent ainsi aiguisés par la controverse.

Ce sera encore, pour beaucoup d'entre eux, une leçon

de courtoisie, car, dans ces discussions, ils devront s'étudier à n'employer vis-à-vis de leurs contradicteurs que des formules polies, même lorsque leurs avis sont diamétralement opposés.

Une autre source de distraction pour les jeunes gens est le théâtre.

Nous ferons à ce sujet les mêmes réflexions que pour les livres.

Si la bourse des jeunes gens ne leur permet pas de fréquentes visites dans les théâtres, ils devront beaucoup choisir et délaisser les pièces sans consistance et sans renom, pour s'attacher à celles qui, par la réputation de leur auteur ou par la renommée qu'elles se sont acquise, ont une valeur réelle et peuvent, tout en leur donnant une joie intellectuelle très vive, leur être en même temps un sujet d'étude et d'observation.

Il est bon quelquefois de rire ; aussi, de temps en temps, ils peuvent assister à la représentation de ces vaudevilles à quiproquos, qui délassent l'esprit en permettant à la gaieté de prendre un libre cours.

Mais ceci doit être une exception, car, outre que cette littérature n'est pas souvent de qualité supérieure, les sujets qu'elle traite appartiennent généralement à la basse bouffonnerie, et c'est toujours une soirée perdue pour l'intelligence.

Après une pareille visite, il est bon d'aller se retremper dans la contemplation des grands classiques et d'écouter religieusement les magnifiques tragédies ou les mordantes comédies qui, en des phrases devenues immortelles, nous peignent les grands mouvements d'âme de l'humanité.

A ce point de vue, les pièces modernes sont une étude précieuse, car les auteurs de notre temps se sont débarrassés de la convention et peignent les gens tels qu'ils sont généralement, ni entièrement bons ni parfaitement mauvais, toujours prêts à agir sous l'influence du sentiment qui les préoccupe.

Et c'est là la vie, celle que les jeunes gens doivent étudier de près, et non l'existence factice que le théâtre, qui s'intitule moral, a la prétention de représenter.

La culture des arts est un précieux délassement pour la jeunesse.

L'impression artistique doit être recherchée par tous ceux qui désirent jouir pleinement des beautés de toutes choses.

C'est en même temps un précieux préservatif pour les jeunes gens, qui trouvent, dans ces distractions d'un ordre élevé, des sources de joie ignorées par ceux de leurs camarades qui s'adonnent aux plaisirs grossiers.

Celui qui a passé un dimanche au café à manier des cartes ne peut se défendre, le lendemain, d'un peu d'amertume, en songeant au vide de la journée précédente ; mais celui qui l'a employée à goûter les émotions de l'art auquel il s'adonne, rapportera, en s'asseyant au travail, de jolis souvenirs, qui viendront peupler sa journée laborieuse, sans y mêler d'autre sentiment que le désir de développer davantage les facultés qui lui permettent de comprendre et de rendre les beautés qu'il admire.

Il aimera aussi à organiser et à multiplier ces séances ; s'il s'occupe de peinture, il connaîtra bientôt les plus jolis sites et partira dès le matin, muni de son chevalet de campagne et de sa boîte à couleurs, à la recherche du paysage qu'il veut reproduire.

S'il s'adonne à la musique, il s'efforcera de réunir quelques camarades pour jouer des morceaux d'ensemble, ou bien il donnera son concours à quelque concert, dont il retirera un peu d'honneur et parfois du profit.

C'est une chose qu'il ne faut pas toujours dédaigner, car c'est la consécration du talent. C'est aussi un encouragement à l'effort et, en tout cas, c'est toujours la récompense d'un travail que cet argent nous permet de compléter, en nous mettant à même de faire les dépenses de professeurs ou d'objets nécessaires à la culture plus étendue de cet art.

Les sports, à notre époque, tiennent une large place dans la vie des jeunes gens.

C'est non seulement une mesure excellente pour la santé physique, mais encore une excellente école pour la culture morale, car les sports impliquent la fatigue, et, de la résistance à la fatigue naît un effort de volonté, dont la répercussion ne peut avoir qu'une influence salutaire sur les tout jeunes gens.

Les sports ont, de plus, l'avantage de combattre la paresse et réveillent nos facultés, en nous forçant à développer de nombreuses qualités, telles que la présence d'esprit et la décision.

Cependant, n'oublions pas que l'excès en tout est un défaut et que, si l'on ne se destine pas à devenir « champion », le surmenage, surtout s'il est accidentel, ne peut avoir que de mauvais effets.

Si un jeune homme, pendant une journée de loisirs, s'est adonné avec trop de violence à un sport quelconque il arrive le lendemain à son travail complètement brisé et ne peut parvenir à fournir la somme d'application habituelle.

Remarquez bien que cela est sans profit aucun pour celui auquel ses occupations ne donnent qu'un jour de congé par semaine, car du lundi au dimanche suivant il perdra le bénéfice de son effort, qui, au lieu de l'entraînement, ne sera qu'un surmenage partiel, sans avantage pour le sport et très préjudiciable à son labeur ordinaire.

Il faut donc user des sports comme d'un plaisir et ne pas chercher à transformer ce plaisir en peine, sans aucune raison ni utilité.

Quoique les plaisirs plus violents aient fait, depuis pas mal d'années, grand tort à la danse, elle n'en est pas moins un exercice fort salutaire, et les jeunes gens ont tort de la dédaigner, car, outre les agréments qu'elle comporte, elle est le prétexte de distractions aimables et leur donne l'occasion de déployer une courtoisie que les sports ordinaires ne connaissent pas.

C'est aussi un motif à de gentilles causeries, si toutefois le jeune homme n'est pas un de ces bourrus qui bornent leur conversation aux phrases typiques :

— Il fait bien chaud, Mademoiselle.

Ou encore :

— Il y a beaucoup de monde ici.

À quoi, tant désir qu'elle ait de parler, la jeune fille ne peut guère répondre que : oui, Monsieur.

C'est encore là que se limitera la conversation, si son cavalier lui dit la phrase de ceux qui n'ont rien à dire :

— Vous aimez la danse, Mademoiselle ?

Elle pourrait répondre que, si elle ne l'aimait pas, elle ne serait pas là.

Il est vrai qu'elle y est quelquefois contre son gré, mais il faut bien admettre que, si elle est bien élevée, elle ne fera pas cette confidence à un monsieur qu'elle ne connait pas.

Le meilleur moyen, très banal aussi — mais entre gens qui se voient pour la première fois, les sujets de conversation ne naissent pas tous seuls, — le meilleur moyen donc est de demander à sa danseuse si elle a beaucoup fréquenté les bals cette saison et d'en nommer quelques-uns auxquels on a assisté.

Si on a affaire à une jeune fille qui ne soit pas sotte, elle trouvera là à placer quelques phrases et la causerie pourra s'établir.

Le moyen de la prolonger sera de lui offrir le bras pour la mener au buffet, où, du reste, il est probable que la rencontre de quelques amis communs mettra un peu de cordialité dans les propos.

Une fois au buffet, il faudra, s'il y a affluence, conduire sa danseuse dans un coin où elle est à l'abri des atteintes de la foule et, après s'être informé de ses goûts, aller chercher les gâteaux ou la boisson qu'elle désire et les lui apporter.

C'est quelquefois une mission bien périlleuse, qui a valu à beaucoup de jeunes gens l'épithète de maladroits, car il s'agit de se frayer habilement un passage, de rapporter ce que la jeune fille a désigné et non autre chose, d'arriver à temps pour ne plus trouver vide l'assiette contenant la friandise attendue et de la défendre contre les convoitises des gens sans gêne.

De même, en dansant, le jeune homme doit être attentif pour épargner à sa danseuse les heurts des couples tournoyants ; il saura aussi éviter de l'étourdir, en la faisant toujours tourner dans le même sens, et il ralentira de temps en temps le mouvement pour repartir après.

Enfin le bal, pour un jeune homme bien élevé, doit être, en même temps qu'un sport, une école de courtoisie, où il apprendra à concilier deux choses, qu'il faut savoir mener de front si l'on veut être heureux : le devoir et le plaisir.

CHAPITRE XIII

L'art d'observer.
L'amplification du « Moi ».

Trop nombreux sont les jeunes gens dont on pourrait dire comme dans l'Écriture :

« Ils ont des yeux pour ne pas voir.

« Ils ont des oreilles pour ne pas entendre. »

La plupart d'entre eux se bornent à contempler les choses qui s'imposent à eux et négligent le reste.

Ils sont semblables à des gens qui, dans une galerie de tableaux, se promèneraient en regardant seulement à leurs pieds pour ne pas glisser sur le parquet ciré et dédaigneraient de tourner la tête pour admirer les merveilles qui les entourent.

Il est vrai que bon nombre d'entre eux ne se donnent même pas la peine de regarder à terre, mais n'accordent quand même aucun regard aux tableaux suspendus à droite ou à gauche.

Ceux-là ne sont occupés qu'à se relever, car les glissades leur sont familières et les chutes fréquentes.

Pour cesser de parler par images, disons tout nettement que les jeunes gens qui ne cultivent pas la faculté d'observer sont sujets à commettre maintes maladresses, qui les amènent presque toujours à un insuccès dont ils ne veulent pas reconnaître la cause.

Ce manque d'observation n'est pas toujours de l'indifférence, c'est le plus souvent de la paresse : l'observation demande une attention suivie et beaucoup de jeunes gens ont le tort de ne pas s'appliquer à cultiver cette qualité.

Puis il ne suffit pas d'observer, il faut savoir tirer des déductions de ses observations et tout cela semble bien fatigant pour un jeune homme puéril.

Cependant, celui qui réfléchit arrive toujours à tirer parti de ce qu'il voit et sait y trouver un profit que les autres ignoreront.

J'ai connu deux jeunes garçons de mérite égal qui étaient employés dans une industrie prospère.

Tous deux étaient appliqués et pleins d'avenir. Cependant, au bout de quelques mois, l'un d'eux commença à s'apercevoir de la mauvaise grâce de son chef ; bientôt il se plaignit de ce qu'il prenait pour de l'animosité contre lui, car le chef semblait avoir une préférence marquée pour son collègue : il lui accordait des permissions qu'il refusait au premier, se contentait, envers celui-ci, de remarques empreintes de bienveillance, alors que, pour la même chose, il ne manquait pas de s'élever contre l'autre en récriminations acerbes.

Le temps ne fit qu'augmenter ce désaccord et le jeune homme quitta la place, persuadé qu'il était en proie à une véritable persécution.

Comme il m'avait conté son ennui, j'eus l'occasion d'en parler à son collègue et lui demandai comment il se faisait qu'il n'avait jamais eu à souffrir de l'humeur de ce chef.

Le jeune homme éclata de rire :

« M. X..., dit-il, mais c'est l'homme le plus bienveillant de la terre, seulement il a des digestions difficiles et je me garde bien d'avoir affaire avec lui dans ces moments-là ; mon camarade, au contraire, choisissait, la plupart du temps, l'heure qui suit le repas de midi pour solliciter des entrevues ; je lui en ai plusieurs fois fait l'observation, il ne m'a pas écouté et s'est contenté de hausser les épaules avec pitié. Je ne sais si, même encore à présent, il est convaincu que j'avais raison. »

Non, l'autre ne fut pas convaincu, car les jeunes gens légers n'aiment généralement pas convenir de leur manque d'observation ; ils préfèrent s'en prendre aux gens et aux événements plutôt qu'à eux-mêmes, sans vouloir se rendre compte qu'il leur suffirait d'un peu de volonté pour les modifier les uns et les autres au lieu de les subir.

« Votre vie sera ce que vous en ferez », a dit Swett Marden. Combien cela est juste et profond!

La vie est un composé de bonheurs qu'on peut organiser et de douleurs qu'on peut — en grande partie — éviter par l'observation qui mène à la prévision.

Si vous savez voir autour de vous, vous éviterez certaines démarches qui, dans des circonstances définitives, resteraient stériles, alors que la venue prévue de tels événements doit changer le cours des choses, au point qu'elles ne peuvent manquer, alors, d'être couronnées de succès.

Vous saurez aussi à qui il serait dangereux d'accorder votre confiance et vous apprendrez à vous servir des défauts des gens pour diriger vos actes.

Vous éviterez de froisser des vanités qui ne vous le pardonneraient pas et, sans pour cela user de flatterie, vous connaitrez assez le côté faible des gens pour ne pas ignorer en quel sens ils sont vulnérables.

C'est là le secret de bien des fortunes qui ne s'expliquent ni par les qualités spéciales, ni par le mérite transcendant de leurs auteurs.

Or, pour les jeunes gens modernes, si la fortune ne doit pas être le but exclusif de tous les efforts, elle doit cependant en être l'objectif principal, puisqu'elle leur assure l'indépendance et le droit de s'en servir pour accomplir de nobles tâches.

Mais, sous le prétexte d'observation, il ne faudrait pas tomber dans l'erreur des faux jugements.

Trop de jeunes gens se plaisent, sous prétexte de psychologie, à tant de subtilités qu'ils s'égarent et s'éloignent ainsi de cette ligne droite que Schopenhauer a préconisée en ces termes :

« De même qu'un chemin sur la terre n'est jamais qu'une ligne, non pas une surface, nous devons, dans la vie, si nous voulons arriver à un but, laisser à droite et à gauche une quantité de choses.

« Si nous ne pouvons pas nous y résoudre, si au contraire nous prenons, comme des enfants à la foire, tout ce qui nous plaît en passant, nous subissons la conséquence des fausses inspirations.

« La ligne de notre chemin se trouvera transformée en surface et nous courrons en zigzags sans arriver à rien. »

Une des causes de déformation de la faculté d'observation réside aussi dans l'esprit de ces réunions qu'on appelle familièrement « les petites Églises ».

Les petites Églises sont des assemblées de jeunes gens où chacun s'encense mutuellement — quitte à se déchirer à belles dents ensuite, — si bien que toute appréciation devient hors de proportion.

Suivant l'engouement du moment, on est un génie ou « on n'existe pas ».

Que devient l'observation au milieu de ce chaos de jugements aussi définitifs que contradictoires?

Et cette intransigeance aveugle ne s'arrête pas aux camarades, elle s'étend jusqu'aux chefs de groupe qu'on admire aveuglément, avec l'intention bien arrêtée de ne pas voir leurs défauts ou qu'on dilapide stupidement, en niant les qualités et le talent qui les honore.

Celui qui veut parvenir doit se garder de ces réunions, ou bien dans le cas où les circonstances l'amèneraient à en faire partie, y assister en simple spectateur et se servir des défauts et des ridicules des autres, pour former son opinion et se garder de les imiter.

Les livres et le théâtre peuvent être aussi de puissants auxiliaires pour ceux qui veulent observer.

S'ils savent faire la part de la convention dramatique et celle de la littérature, ils en arriveront à des rapprochements intéressants, qui leur fourniront toujours des sujets fructueux de dissertation.

Mais pour bien observer, une chose est nécessaire : penser.

Ce n'est pas ici la place d'un long développement sur ce sujet ; mais il faudrait que tous les jeunes gens fussent pénétrés de l'utilité qu'il y a pour eux d'apprendre à penser, c'est-à-dire à ordonner les sujets de leurs réflexions, à savoir s'isoler assez complètement pour acquérir le raisonnement d'où naît l'impartialité, en un mot à produire des actions énergiques et justes parce que la pensée belle et forte a laissé toute latitude à la faculté d'observer.

Un des obstacles à l'éclosion de cette habitude, c'est cette sorte d'amplification du « Moi » qui rend les gens aveugles pour les mérites d'autrui en même temps qu'ils le sont pour leurs propres défauts.

On ne se rend pas assez compte que le moyen de laisser naître l'indulgence à son égard est de la pratiquer pour les autres.

La trop grande sévérité envers le prochain engendre la solitude et — il faut que les jeunes gens ne l'ignorent pas — c'est pour eux le plus terrible écueil qui se puisse imaginer.

« On a toujours besoin d'un plus petit que soi », dit une fable, mais si cette morale est véridique, celle qui soutient qu' « on a toujours besoin d'un plus puissant que soi » ne l'est pas moins.

Or c'est le défaut des jeunes gens, travaillés par l'importance de leur « Moi », de ne rien admettre autour d'eux qui puisse leur faire ombrage.

Ils en viennent à se mouvoir au milieu de médiocrités qui, malgré tout, finissent par exercer sur eux leur influence débilitante et le niveau d'intelligence de l'adorateur de son « Moi » se trouve ainsi abaissé sans qu'il puisse s'en apercevoir, car n'admettant pas de supériorité autour de lui, les points de comparaison lui font défaut.

C'est ce que nous enseigne un apologue slave dans l'histoire du jeune chêne et de la forêt.

« Un jeune chêne se plaignait un jour d'être trop importuné par l'ombre des grands arbres qui étendaient autour de lui leur magnifique ramure.

« — Vois, dit-il au dieu des bois, au milieu de tous ces géants je demeure inaperçu. Qu'ont-ils donc de si beau ? Ils ne possèdent ni ma verdure claire, ni ma taille élancée ; les ans ont rongé leur écorce et troué leurs troncs ; n'est-il pas dommage que de pareils vieillards dérobent ma jeune beauté à la lumière et au soleil ?

« Le dieu que le jeune arbre invoquait était un dieu malfaisant et qui se plaisait à semer le malheur.

« Aussi ne manqua-t-il pas d'exaucer la prière du petit chêne.

« De sa cognée géante, il abattit tous les doyens de la forêt, ne laissant autour de l'arbrisseau que de maigres taillis et de frêles graminées.

« Qu'arriva-t-il ? Le jeune chêne n'étant plus protégé de l'ardent soleil vit ses feuilles se flétrir sous son action dévorante ; la grêle l'attaqua si rudement qu'elle fit de sa frondaison grillée une dentelle légère qui s'éparpilla sur le sol.

« Enfin la tempête, que n'arrêtaient plus au passage les rangs serrés des vieux arbres, s'acharna tant et si bien sur lui qu'il ne tarda pas à être renversé ; des enfants en passant s'amusèrent à achever de le déraciner et ce ne furent plus les géants des bois qui le cachèrent en le protégeant, mais bien les humbles herbes qui dérobèrent à tous les yeux son tronc pourrissant. »

C'est ce qui arrive trop fréquemment aux jeunes gens pleins de leur « Moi ».

A force de vouloir dominer, ils écartent de leur entourage tous ceux qui peuvent par leur supériorité leur porter ombrage ; mais, comme le dit l'apologue cité plus haut, l'ombrage est souvent protecteur, et quand les gens supérieurs sont éloignés, on s'aperçoit trop tard que, pas plus que les chétives graminées ne pouvaient défendre l'arbrisseau des atteintes de l'autan, les inférieurs, si dévoués et si sincères qu'ils soient, ne peuvent être un appui efficace contre la malignité des hommes et des choses.

Jeunes gens qui lisez ce livre, méditez cet apologue : entourez-vous toujours de ceux dont la maîtrise est reconnue ; bien loin de vous porter tort, ils vous aideront au contraire, même involontairement, car leurs influences s'étendront sur votre renommée qui grandira à l'abri de la leur et elles vous défendront contre les attaques des méchants et des sots, qui regarderont à deux fois avant de franchir ce rempart pour parvenir jusqu'à vous.

C'est ce que ne peut manquer de rechercher un jeune homme qui sait observer et recueillir de ses remarques le fruit fécond que tout enseignement porte en lui.

CHAPITRE XIV

Le mariage.

Quand il est « normal », c'est-à-dire lorsqu'il n'est pas provoqué par l'intrigue ou rendu nécessaire par une faute, le mariage précoce des jeunes gens est presque toujours une garantie de bonheur.

Cette règle, hélas! n'est pas sans exceptions, mais, parce que de jeunes hommes ont méconnu, dans leurs vingt ans, les devoirs qu'ils n'auraient peut-être pas mieux observés plus tard, s'en suit-il que le principe soit mauvais?

On a souvent prétendu que les meilleures chances de bonheur étaient pour ceux qui se marient jeunes.

Cette opinion est surtout basée sur la plus grande flexibilité de caractère et le minimum d'habitudes.

Il est vrai que ceux qui sont d'avis contraire soulèvent une objection qui n'est pas sans valeur:

De trop jeunes époux, disent-ils, n'ont pas la prudence nécessaire pour conduire leurs affaires et leur vie.

C'est quelquefois vrai, mais il ne manque pas de gens qui ignorent cette sagesse, même dans l'âge mûr, et le mariage précoce a l'avantage de fixer plus tôt les jeunes gens, de leur donner l'habitude du foyer et de les soustraire aux contaminations morales ou physiques qui guettent et assaillent trop souvent les jeunes célibataires.

Cependant, qui dit mariage précoce, ne dit pas mariage précipité et s'il est bon que les jeunes gens s'habituent de bonne heure à l'idée du foyer à fonder, s'il est bon qu'ils choisissent leur compagne entre les jeunes filles qui les entourent, ils ont presque toujours à regretter d'avoir trop précipité la date de l'union.

Un axiome trop véridique prétend que le mariage n'a guère de chances de durée lorsque sa conclusion n'a été inspirée que par le désir.

C'est, hélas! trop souvent le cas des unions trop promptes entre tout jeunes gens.

Défiez-vous de ce qu'on appelle : le coup de foudre. La sympathie physique doit toujours se compliquer de sympathie morale, sinon l'amour qui n'est basé que sur l'agrément des traits et la séduction de la personne, s'atténue très vite.

Les paysans disent volontiers que sitôt le printemps fini, les oiseaux cessent de chanter.

Dès que le printemps de l'amour est terminé, les hommes laissent voir leurs défauts, les femmes ne se donnent plus la peine de cacher les leurs et comme l'habitude émousse tous les sentiments, l'amour ne se plaît plus guère dans ce nid tourmenté.

Une autre cause de désunion réside encore dans l'apathie des deux époux qui se disent n'avoir plus besoin de plaire.

C'est une erreur profonde et un vice de caractère commun à beaucoup de gens que de se montrer surtout aimables envers les étrangers, en disant qu'il n'est pas besoin de faire des frais pour les proches, puisqu'ils sont tout acquis.

C'est en agissant ainsi qu'on en vient à la tiédeur, d'abord, à l'indifférence ensuite.

Mais nous ne parlons en ce moment que des mariages basés sur un sentiment né d'un entraînement physique ; ceux-là ne résistent guère à l'accoutumance, mère de la lassitude.

Il est bien plus rare de voir la discussion s'établir dans les ménages que des sympathies morales et une grande conformité de goûts viennent cimenter plus solidement.

Aussi dès qu'un jeune homme se sent attiré vers une jeune fille qu'il trouve digne de devenir son épouse, il doit sans perdre de temps se renseigner sur ses parents, leurs origines, la façon dont elle a été élevée, toutes choses qui sont, sinon des garanties certaines, du moins de grandes chances de bonheur futur.

Si ces renseignements sont ce qu'il désire, il sera bon aussi qu'il se renseigne sur les goûts de la jeune fille.

Il devra beaucoup réfléchir s'ils sont diamètralement opposés aux siens.

En effet, après les premières effusions passées, que deviendra un homme enclin à la gaîté et disposé à la bonne humeur, s'il se trouve en face d'une nature triste, renfermée, portée à la mélancolie et au pessimisme.

Il sera découragé dans ses meilleurs élans, dépité dans ses projets, assombri dans ses joies, jusqu'au moment où, l'amour physique étant définitivement parti, il ne se contiendra plus, exprimera hautement son mécontentement, heurtera de front les opinions de sa compagne et installera le désunion dans le logis.

Lorsque les jeunes gens sont dans la vingtième année, ces crises, si aiguës qu'elles soient, se résolvent souvent par une caresse, mais quand la maturité vient apporter l'indifférence, augmentée tous les jours par des tiraillements désagréables, les baisers ne s'échangent plus que du bout des lèvres, chacun garde en soi sa rancune, et l'hostilité s'installe à la place de l'amour.

A quelques exceptions près, le ménage tient toujours, mais au prix de quels sacrifices et de quelles rancœurs !

Les intérêts communs finissent par devenir les seuls liens qui relient les époux et leur existence se traîne hargneuse et irritée, parmi l'aigreur des répliques désagréables et le malaise des silences boudeurs.

Parfois encore, un des conjoints, si ce ne sont tous les deux, croit rencontrer l'être qu'il aurait voulu connaître au début de sa vie et bientôt commence une existence de mensonge, que la crainte d'une surprise rend toujours misérable, même dans les moments qui devraient être le plus doux.

Tout autre est le sort de ceux qui, en se mariant jeunes, n'ont pensé qu'à unir leur vie à celle qui doit devenir la véritable moitié d'eux-mêmes.

A celle-là ils ne demanderont pas uniquement de la beauté ; au charme de l'extérieur ils voudront aussi adjoindre les qualités qui assurent la sérénité de l'avenir.

Une des conditions de bonheur, c'est de choisir une femme dont les goûts et les aspirations soient en rapport avec les vôtres.

Un jeune homme se dépitera vite si lui, enthousiaste des poètes, surprend sa femme à dormir pendant qu'il lui lit une page de Verlaine ou de Shakespeare. Il souffrira également, s'il aime la musique, de l'entendre préférer tout haut une romance de café-concert aux œuvres de Wagner, et s'il est peintre, il se révoltera franchement en la voyant dédaigner les maîtres pour s'extasier sur un chromo.

Il s'évitera tous les chagrins en choisissant l'âme de sa fiancée aussi bien qu'il choisit sa figure.

Je me trompe ; ce n'est pas « aussi bien » c'est « mieux »

qu'il faut dire, car les traits de la figure sont immuables et par cela même atténuent leur grâce en nous devenant familiers, tandis que les qualités de l'âme sont assez multiples pour que la satiété de l'émoi qu'elles produisent n'arrive jamais.

Les délicatesses du cœur sont des causes de joies toujours renouvelées qui, par leurs formes diverses, entretiennent en nous des sensations toujours fraîches et des élans constamment nouveaux.

De cet échange de tendresse naît toujours ce qui fait la principale beauté des unions : la confiance, c'est-à-dire la quiétude des cœurs qui se confondent en un même sentiment, qu'ils ont à peine besoin d'exprimer, tellement ils sont certains de l'éprouver avec la même intensité.

Les unions assorties, seules, peuvent produire ce sentiment ; voilà pourquoi on ne saurait trop mettre en garde les très jeunes gens contre les entraînements de la vingtième année qui les amènent à donner leur nom à des femmes qui, parfois, ne sont pas plus mauvaises que d'autres, mais restent séparées d'eux par tout l'abîme de l'éducation et de l'ignorance.

On a vu, dans ces ménages, la femme la plus honnête et la plus dévouée devenir, par son genre et ses manières, un obstacle insurmontable à la carrière de son mari.

Les contradicteurs objecteront que Gœthe a épousé Catherine Vulpian qui était à peu près illettrée.

C'est vrai, mais Gœthe était alors parvenu à l'apogée de sa gloire et les sottises de sa femme (en admettant qu'elle ait pu en commettre) n'avaient aucune portée sur la renommée du grand homme.

Enfin il s'était bien gardé de traîner un pareil impedimenta lors de sa vingtième année.

Vers la fin de sa vie seulement il crut bon de prendre une compagne qui, de l'avis de tous ses contemporains, fut surtout pour lui une ménagère dévouée.

Ce n'est pas là ce que vous désirez, n'est-ce pas, jeunes gens qui me lisez ?

La plupart d'entre vous veulent — et en cela ils sont tout à fait d'accord avec les tendances modernes — une femme qui soit en même temps l'épouse, l'amie et la camarade.

On ne saurait trop les en approuver.

L'amour ne peut pas toujours se maintenir au diapason de l'intensité.

Il se mue rapidement en une amoureuse tendresse qui se maintient d'autant plus vive que la similitude des goûts rapproche les époux.

Lorsque le temps a fait son œuvre, cette sympathie crée entre eux un lien plus fort que tous les autres en les rendant mutuellement indispensables l'un à l'autre.

Malgré toute la puissance de la passion, ce lien se constituera plus difficilement si, malgré l'entraînement qu'ils éprouvent l'un pour l'autre, les époux ne partagent les mêmes penchants.

Alors que le mari sera sollicité par l'attrait des promenades et des sports, il souffrira de s'en priver au profit des idées casanières de sa compagne, et celle-ci, si elle s'adonne à la culture des lettres, concevra malgré tout un peu de mépris pour son mari qu'elle accusera de n'être pas intellectuel.

D'interminables malentendus naissent souvent de dissentiments qui paraissent ainsi entachés de puérilité, mais, à la longue, finissent par constituer ce grief si grave : l'incompatibilité d'humeur, cause de tant de séparations.

Il n'est pas rare non plus de voir de profonds dissentiments s'élever entre les époux qu'un même élan ne réunit pas dans l'effort vers le bien.

Si l'homme est animé d'idées généreuses, il souffrira, obscurément d'abord, puis plus ouvertement ensuite et infiniment dans l'avenir, s'il constate chez sa compagne une mesquinerie de sentiment, qui ne pourra lui inspirer qu'un peu de mépris.

On a grand tort, dit un philosophe allemand, de vouloir atteler à un étalon une brebis, que ce dernier entraînera pantelante dans un galop superbe, jusqu'au moment où il la laissera sanglante sur la route où elle se sera fait traîner ; à moins que, par condescendance pour la brebis, l'étalon ne consente à se mettre au même pas qu'elle, et qu'ayant maîtrisé toutes ses ardeurs, il lui soit impossible de retrouver un regain de vigueur, quand il s'agira de fuir les attaques du tigre.

Un autre dit :

Deux époux dont les goûts sont différents sont comme un lourd bourdon et un papillon attachés au même fil ; l'un des deux s'épuisera en efforts vains pour suivre l'autre, à moins que, dès le début, chacun ne cherche à voler de son côté et dans ce cas, aucun n'avancera, car ils tireront tous deux en sens contraire et maintiendront ainsi l'immobilité, ennemie de tout progrès.

Il n'ajoute pas que, trop souvent, à force d'efforts le fil casse et que le plus fort prend son essor en abandonnant son compagnon meurtri par les efforts communs.

Mais son envolée ne peut jamais être ce qu'elle eût été si tous deux l'avaient effectuée de conserve, car l'évadé gardera toujours à la patte le bout du fil qui le paralysera dans son vol.

Dans le mariage ce fil est une chaîne, et même brisée elle est toujours un obstacle et un fardeau.

Il faut donc réfléchir mûrement avant de s'y attacher et surtout, jeunes gens, choisissez avec soin la compagne qui vous la rendra si légère qu'elle vous paraîtra une indispensable parure, que pour rien au monde vous ne voudriez délaisser.

CHAPITRE XV

L'enthousiasme et la raison.

Tous les jeunes gens qui sont aux alentours de leurs beaux vingt ans, ont à combattre un ennemi très noble, très brillant, un ennemi d'autant plus sympathique qu'il est souvent le promoteur de belles choses : l'enthousiasme qui, dans ses élans passionnés, peut les conduire trop loin du but en le leur faisant franchir sans qu'ils s'en aperçoivent.

Les actions généreuses sont l'apanage de la grande jeunesse ; dirons-nous qu'elles sont ignorées de l'âge mûr? Non certes. Mais on les accomplit alors avec mesure et après avoir réfléchi au dommmage qu'elles pourraient nous causer, à nous ou à notre prochain.

Pourquoi prononcer le mot dommage quand il s'agit de choses qui portent en elles leur beauté ?

C'est que tout acte qui n'a pas été pesé et mûri peut entraîner avec lui des conséquences qui viendront en modifier les résultats.

Nous avons parlé dans le chapitre précédent du danger des unions trop rapidement conclues.

Quoi de plus beau « en théorie », pourtant, que le geste d'un garçon riche qui prend une pauvre fille, l'élève jusqu'à lui, l'épouse et l'impose à sa famille et au monde sans se préoccuper de leur conformité d'aspirations et de pensée ?

Nous avons pourtant constaté que dix fois sur douze ce garçon fait son malheur, celui de sa famille, celui de la femme et celui des enfants qui naissent de ce mariage désassorti.

Quand même sa loyauté l'obligerait à maintenir cette union, il n'en souffrirait pas moins — l'enthousiasme de l'amour passé — de vivre près d'une femme dont les idées, les aspirations, l'éducation sont en opposition constante avec ce que, depuis son enfance, il est habitué à regarder comme des principes.

Sa famille ne manquera pas de souffrir également de cet état de choses, car les parents sont ambitieux pour leur fils et ceux-ci se trouveraient déçus dans leurs espoirs d'ambition d'abord et plus tard dans leurs désirs de bonheur pour lui, puisqu'ils le verraient enchaîné dans une union qui ne lui donne pas de joie.

La femme, elle-même, au lieu de s'applaudir de la chance qui lui est échue, ne tardera pas à regretter de n'avoir pas épousé un homme de son rang, qui l'aurait comprise et avec lequel elle aurait pu descendre le cours de la vie, la main dans la main, sans se préoccuper de toutes les complications que son existence nouvelle lui apporte et qui lui sont d'autant plus odieuses, qu'elle a conscience de l'hostilité latente répandue autour d'elle.

Quant aux enfants, nés de cette union, ils ne pourront, au milieu des tiraillements inévitables qui se produiront entre leur mère et leur famille, trouver le bonheur qui résulte d'une éducation harmonieuse. Si bien élevés qu'ils soient, les grands-parents ne parviendront pas à cacher leur peu de sympathie pour la mère, et plus tard, lorsque les enfants, qui sont de terribles juges, s'apercevront, malgré tout, de son infériorité mondaine ou morale, leur affection s'en trouvera, sinon diminuée, du moins tourmentée.

Je sais bien que nous lisons souvent le récit de pareilles unions, où l'on voit des époux confondre leur cœur sans souci des abimes sociaux, des parents accueillir avec des démonstrations de joie la femme qu'ils n'avaient pas rêvée pour leur fils et cette dernière devenir du jour au lendemain la coqueluche de son entourage, mais c'est là de la littérature simplement « morale », et nous avons déjà, dans un précédent chapitre, développé ses dangers, dont le moindre est de faire voir la vie sous un aspect qui n'est pas le véritable.

La charité et le dévouement doivent aussi dépendre du raisonnement plutôt que de l'enthousiasme.

En effet, un jeune homme peut se laisser entraîner à des mouvements généreux qui se trompent d'adresse et dont l'effet sera diamétralement opposé à celui qu'il en attend.

Au lieu d'aider un camarade, il entretiendra simplement sa paresse et dès qu'il s'en apercevra, s'il veut cesser ses générosités, il se créera un ennemi mortel.

Mais où l'enthousiasme devient dangereux, c'est lorsqu'il s'agit d'un acte qui engage l'avenir.

Que de jeunes gens se sont jetés dans une carrière dont ils n'avaient pas suffisamment étudié les côtés défectueux !

Dans les premiers temps, le mirage aidant, ils ont pu se faire des illusions, mais chaque jour est venu leur apporter la conviction de leur inaptitude.

Il est vrai qu'à mesure naissait en eux un autre enthousiasme qui ne contribuait pas pour peu à leur faire prendre leur carrière en horreur.

Comment espérer, dans ces conditions, obtenir les résultats que donnent seulement la persévérance et le labeur acharné ?

Les jeunes gens qui disposent d'un peu d'argent doivent aussi se défier de ce magnifique ennemi de la belle jeunesse.

Ceux-là sont trop souvent entourés d'aigrefins ou de besogneux qui ne songent qu'à le leur soutirer au profit de n'importe quelle entreprise, fictive la plupart du temps.

Mais ils savent bien la présenter; par métier, ils sont éloquents et le jeune enthousiaste se laisse faire.

On ne compte pas ceux que l'ardeur de la jeunesse et la passion des élans généreux ont menés à leur perte.

Il y a des jeunes gens, jusque-là studieux, travailleurs, et parfaitement sérieux, qui sont devenus des déclassés parce qu'ils avaient endossé des billets pour un camarade.

Bien entendu, ce dernier avait juré qu'il serait prêt à l'échéance; mais à cette date, il n'avait pour rembourser que sa faconde et sa promesse.

C'était peu, surtout dans la situation présente, car le jeune homme sincère avait compté sur la parole de son ami, qui, du reste, à partir du jour où il avait reçu l'argent, ne s'était plus préoccupé que d'en chercher d'autres, non pas pour éteindre ses dettes, mais pour les multiplier.

Qu'arrive-t-il dans de pareils cas?

L'enthousiaste, le naïf, fait flèche de tout bois, il emprunte à tous ses amis, se donnant ainsi la réputation d'un désordonné et, s'il ne peut parfaire la somme, renouvelle le billet en donnant cet argent comme un acompte qui tombe presque inaperçu dans le gouffre, tous les jours plus profond, des intérêts usuraires.

Tout est donc à recommencer et pour avoir cédé à un mouvement d'enthousiasme généreux, maints jeunes gens se trouvent obligés de chercher dans le jeu ou dans les emprunts des sommes qui servent à entretenir la dissipation de leurs amis.

S'ils avaient le courage de s'en ouvrir à leur famille, celle-ci pourrait peut-être les sauver, mais si, pour des raisons de timidité, ils n'osent le faire, ils traînent partout ce poids sans cesse grossissant de la dette et leur avenir s'en trouve gâché.

Au lieu de n'écouter que l'enthousiasme généreux qui les anima lorsque leur ami est venu leur faire la confidence de ses ennuis, rien de tout cela ne serait arrivé s'ils avaient bien voulu prêter l'oreille au langage de la raison.

En réfléchissant seulement un moment, ils auraient dû convenir vis-à-vis d'eux-mêmes du peu de consistance des sentiments de leur ami.

Ils l'auraient vu tel qu'il était : paresseux, débauché, capable seulement de paroles et non d'actes ; ils auraient aussi consulté leurs propres ressources et envisagé avec certitude l'éventualité du non-paiement par l'emprunteur.

Lorsqu'une affaire présente deux chances, la bonne et la mauvaise, c'est toujours cette dernière qu'il faut prévoir.

Dans le cas qui nous occupe, le raisonnement faisant pencher la balance du côté le plus regrettable, c'eût été suffisant pour arrêter celui que l'habitude de la réflexion conduit aux déductions justes.

Il est pourtant bien simple de conquérir cette faculté de raisonnement qui permet de se diriger avec sécurité dans l'existence.

Tout le secret consiste dans l'habitude de penser, qu'on ne saurait trop recommander à ceux qui vont se trouver aux prises avec les embûches de l'existence.

Les gens d'esprit léger souriront à cette recommandation.

Mais, tout le monde pense, disent-ils.

Oui, tout le monde pense, mais la plupart des gens pensent mal ou pensent en désordre et c'est pourquoi ils ne réussissent à rien.

On apprend à penser comme on apprend à lire.

Le cadre de ce livre ne comprend pas des indications trop détaillées à ce sujet, mais en quelques mots, nous dirons ce qu'il faut entendre par le mot: Penser.

Penser, c'est se recueillir; c'est préparer ses actes par la réflexion et le raisonnement.

C'est aussi se remémorer des résolutions semblables à celle qu'il s'agit de prendre ce jour-là et peser les conséquences qu'elles ont eues, par rapport à celle à laquelle nous devons nous arrêter.

Penser, c'est concentrer l'attention sur un seul objet et le regarder sous toutes ses faces, en prévoyant les ennuis ou les avantages qui découleront selon qu'on l'adopte ou le rejette.

Mais cela ne se fait pas du premier coup et, pour penser d'une façon fructueuse, il faut y avoir été entraîné par une habitude qui ne s'acquiert qu'avec l'exercice de la concentration.

Pour obtenir cette concentration, genèse et terme de tout effort mental, il faut, entre certains exercices spéciaux, qui ont pour but d'arriver au grand perfectionnement dont nous ne parlerons pas ici, il faut, disons-nous, s'appliquer à se recueillir au moins une fois par jour.

Le mieux est d'y consacrer quelques minutes, un quart d'heure environ, d'abord, puis davantage si cela est possible.

Le sujet de méditation tout indiqué portera sur les faits de la journée.

Il est moins facile qu'on ne le pense de se remémorer tout ce qu'on a fait depuis le réveil, sans en rien omettre et sans changer l'ordre des choses.

Ce rappel doit porter sur les détails les plus minutieux comme les plus importants.

Par exemple, après s'être rappelé l'heure exacte du lever, penser à la toilette qu'on a revêtue sans en omettre ni la cravate, ni l'épingle, ni le mouchoir.

Suivre ainsi chaque acte de la journée, par ordre chronologique et se rappelant de quels mets étaient composés les repas; les personnes qu'on a vues; celles auxquelles on a écrit; se remémorer la teneur des lettres et les détails des entretiens.

Nous le répétons, on n'arrive pas tout de suite à ce jeu cinématographique.

Malgré nous, un petit fait en rappelle un autre analogue et l'imagination nous conduit bientôt à cent lieues de notre point de départ.

C'est cette évasion qu'il faut empêcher et celui qui parvient à repasser, sans aucune défaillance, tous les faits qui ont marqué sa journée, depuis le matin jusqu'à l'heure de l'examen, est bien près de passer maître dans l'art de la réflexion féconde.

Lorsqu'il aura conquis cette maîtrise sur lui-même, il pourra, sans crainte de se laisser aller aux surprises de l'imprévu, donner cours à ses élans juvéniles dont l'enthousiasme sera toujours tempéré par la raison.

C'est dans la grande jeunesse surtout qu'il faut savoir se persuader de cette vérité. Chaque acte entraîne avec soi une suite de conséquences dont l'influence auréole ou assombrit la vie.

De tel fait insignifiant peut découler le malheur ou le bonheur de toute une existence.

Beaucoup de « ratés » croient s'excuser de leur

insuccès en mettant cela sur le compte du hasard ou, pour mieux dire, de la chance.

Les gens sérieux n'emploieront jamais un tel argument. Il peut arriver que les événements nous desservent à un certain moment de notre vie, mais cela ne peut être constant et les trois quarts du temps, si l'on tient à être sincère vis-à-vis de soi-même, on conviendra qu'avec un peu plus d'application et moins de précipitation dans les décisions, il eût été possible de modifier cette apparente malechance et de faire tourner les choses en notre faveur.

Combien de gens ont fait du malheur avec ce qui aurait été le contentement des autres !

C'est la plus belle de toutes les doctrines qu'on puisse enseigner que celle de la joie mariée au raisonnement.

On ne saurait assez le répéter aux jeunes gens :

Nous portons tous notre bonheur en nous; il existe et s'il ne se manifeste pas toujours, c'est que beaucoup d'entre nous le méconnaissent et le détruisent.

Le fou dédaigne ce que le sage recueille pour en former les matériaux nécessaires à l'édification du bonheur.

Il n'est jamais complet, disent les pessimistes.

Ne serait-ce pas plutôt que nous le méconnaissons et ne savons pas le trouver partout où il se rencontre ?

Peut-être ne se présente-t-il pas toujours sous les traits que nous nous étions plu à lui prêter et c'est pourquoi nous le laissons passer sans l'arrêter.

D'autres fois encore, les jeunes gens l'effarouchent par des enthousiasmes déplacés et, au lieu d'aller à eux, il se cache, attendant que la saine raison vienne le faire sortir de son abri.

Jeunes gens qui lirez ce livre, gardez-vous des élans irréfléchis, sachez pratiquer la méditation journalière, faites-vous les propres juges de chacun de vos actes et combattez les penchants qui vous disposeraient à en commettre de regrettables.

Vos victoires vous seront payées par des satisfactions sans nombre.

La fortune vous sourira, si vous faites votre devoir envers vous-même et envers les autres.

Vous fonderez un foyer, et votre raisonnement, fortifié par la pensée bien dirigée, fera de vous des hommes qui sauront marcher droit dans la vie.

Soyez loyaux, économes, pondérés, observateurs, ne vous laissez pas prendre aux pièges de la femme ni à ceux du jeu et, au lieu de végéter dans des emplois subalternes, vous vous élèverez grâce à vos talents et à votre mérite.

Soyez bons, mais ne laissez jamais dégénérer votre bonté en faiblesse, car vous deviendriez une proie au lieu d'être un chef.

Craignez la haine qui aveugle, aussi bien que la trop grande indulgence qui fera de vous des complices.

Et rappelez-vous que sans ordre, sans travail et sans volonté, tout ce que vous édifierez sera bâti sur le sable.

En vous dorment des énergies qu'il faut savoir mettre au jour pour le plus grand bien de votre avenir qui, si vous suivez ces conseils, sera dénué des mille tourments qui font calomnier la vie à ceux qui la jugent superficiellement.

N'en déplaise aux pessimistes, la vie est belle pour ceux qui savent en admirer les splendeurs et elle est bonne pour ceux qui s'attirent ses faveurs, par leur application, leur ambition raisonnée et le discernement qui les fait fuir le rêve stérile pour s'attacher à la féconde réalité.

TABLE DES MATIÈRES

	Pages.
CHAPITRE PREMIER. — Le choix d'une carrière.	1
CHAPITRE II. — Les arrivistes. Les pessimistes. Les aquoibonistes	10
CHAPITRE III. — La bonne tenue, le tact, la mesure.	15
CHAPITRE IV. — Le prix du temps	25
CHAPITRE V. — L'ordre et l'économie	31
CHAPITRE VI. — Les éléments utilitaires de chaque langue.	40
CHAPITRE VII. — Les dangers de la vie	44
CHAPITRE VIII. — Les dangers de l'amour	56
CHAPITRE IX. — Les camarades	70
CHAPITRE X. — Les dangers de la solitude	80
CHAPITRE XI. — Les voyages. Le goût de la nature. Le choix des vacances	86
CHAPITRE XII. — Les distractions. Lecture. Théâtres. Art. Sports. Le bal.	91
CHAPITRE XIII. — L'art d'observer. L'amplification du « Moi »	99
CHAPITRE XIV. — Le mariage	107
CHAPITRE XV. — L'enthousiasme et la raison	115

3203 — Tours, imprimerie E. ARRAULT et Cⁱᵉ

www.ingramcontent.com/pod-product-compliance
Lightning Source LLC
Chambersburg PA
CBHW060156100426
42744CB00007B/1046